Contrats de maintenance

Industrie, tertiaire, transport

Conseils et rédaction

Éditions d'Organisation
1, rue Thénard
75240 Paris Cedex 05

Consultez notre site :
www.editions-organisation.com

© Éditions d'Organisation, 2004

ISBN : 2-7081-3131-1

Daniel BACHELIER

Contrats de maintenance

Industrie, tertiaire, transport

Conseils et rédaction

Éditions
d'Organisation

Sommaire

Introduction 1

PREMIÈRE PARTIE
Les étapes de l'externalisation de la maintenance

Chapitre 1
Sous-traiter la maintenance 5
1. Les bénéfices de l'externalisation 6
2. Les risques de l'externalisation 7
3. Le contrat de sous-traitance 7
   3.1. Le facteur humain, condition essentielle de la réussite
        du contrat 7
   3.2. L'optimisation 7
4. Les partenaires 8
   4.1. Le nombre des sous-traitants 8
   4.2. Le client et le prestataire doivent être des partenaires 9
5. Les critères de sélection d'un sous-traitant 9
6. Les contrats 10
   6.1. Les contrats préexistants 10
   6.2. Cas de prestataires intervenant sur les sites classés
        « Seveso-seuil haut » 11
   6.3. Ce qui est important pendant la période d'exploitation
        du contrat 11

Chapitre 2

Les bases juridiques incontournables 13
1. Les bases essentielles du droit des affaires 13
2. Les règles juridiques internationales et nationales 14
   2.1. Le droit commun des contrats internationaux............... 14
3. La forme du contrat 16
4. Les conventions internationales... 17
   4.1. La Convention de Vienne du 11 avril 1980 17
   4.2. La Convention de Rome du 19 juin 1980 17
   4.3. La Convention de Bruxelles du 27 septembre 1968 17

Chapitre 3

Le contrat 19
1. Les étapes de la mise en place du contrat............................ 19
   1.1. Avant la signature, la négociation............................... 19
   1.2. La signature.. 23
   1.3. Après la signature.. 24
2. Les conditions de validité du contrat (code civil 1101)........... 25
3. Les contrats de fournitures de biens 26
   3.1. Transfert de propriété.. 26
   3.2. Transfert de jouissance 26
4. Les contrats de fournitures de services 27
5. La maintenance et la sous-traitance de la maintenance 27
6. La rupture pendant l'exécution du contrat 31
   6.1. La rupture 31
   6.2. La défaillance.. 32
   6.3. Les dommages et intérêts... 32
   6.4. Les reprises de personnel (Code civil L 122-12-1) 33

DEUXIÈME PARTIE

Le contrat

Chapitre 4

Exemple de contrat Rédaction exhaustive, commentaires et conseils 37
Contrat de sous-traitance 38
Descriptif de la chose.. 107

TROISIÈME PARTIE
Les textes de référence

Chapitre 5
Principaux textes de droit international privé et de droit européen des affaires 113

1. Textes concernant le droit international privé 113
2. Textes concernant le droit européen de la concurrence 114
3. Textes concernant l'arbitrage international 116

Chapitre 6
Les conventions internationales 127

1. La Convention de Vienne du 11 avril 1980 127
2. La Convention de Rome du 19 juin 1980 146
3. La Convention de Bruxelles de 1968 153

Introduction

Cet ouvrage vise deux buts complémentaires : délivrer les informations nécessaires à la rédaction et aux suivis des contrats de maintenance industrielle et/ou tertiaire ou transport et fournir tous les conseils utiles.

Il donne donc des informations et des conseils sur

➤ Le contexte général de la sous-traitance dans la maintenance

➤ Les conventions qui régissent le droit des contrats de sous-traitance :

    ☞ de Vienne pour la détermination du prix et du transfert de risque ;

    ☞ de Rome pour déterminer la loi applicable ;

    ☞ de Bruxelles pour la compétence juridique et l'exécution des décisions en matière civile et commerciale.

➤ Les étapes de la négociation

➤ Les étapes du contrat et de sa conclusion

➤ La constitution d'un dossier type pour rédiger vos contrats de fournitures de prestations de service et/ou de stockages externalisés.

Sont concernés par ce livre :

➤ Les chefs d'entreprises, pour optimiser leurs coûts d'exploitation et apporter la preuve de la maîtrise de leurs installations par la traçabilité des interventions de maintenance pour les auditeurs tels que : clients, DRIRE, assureurs, inspecteur du travail, AFSAPS...

➤ Les sous-traitants (devoir de conseil dans son métier) pour proposer des solutions globales dans le cas de fournitures d'installations neuves.

➤ Les directeurs techniques pour optimiser leurs coûts de production et les stocks de pièces rechanges.

➤ Les responsables qualité (pour les audits : FDA, AFSAPS, Clients...) pour garantir la traçabilité des interventions sur les installations classées.

➤ Les responsables de projets globaux (installations clés en mains) pour proposer des solutions globales.

➤ Les responsables sécurité pour établir des contrats sur des installations sensibles et être crédibles face aux auditeurs (assureurs, DRIRE, inspection du travail...)

➤ Les responsables juridiques en quête d'un référentiel pour établir un contrat de service dans le cadre de la maintenance d'installations.

➤ Les avocats d'affaires en vue d'un référentiel pour établir un contrat de service dans le cadre de la maintenance d'installations.

➤ Les consultants en vue d'un référentiel pour établir un contrat de service dans le cadre de la maintenance d'installations.

Il s'adresse donc aux partenaires clients et fournisseurs qui ont besoin de conseils sur l'établissement du contrat de sous-traitance car ce n'est pas leur spécialité.

C'est un guide pour la rédaction d'un contrat entre un client non spécialiste de la maintenance et un fournisseur spécialiste de la maintenance sur un ou plusieurs métiers ou de la fourniture de services annexes.

Première partie

Les étapes
de l'externalisation
de la maintenance

Sous-traiter la maintenance

Faut-il continuer à faire soi-même ou sous-traiter ? C'est une question stratégique que toute société industrielle ou artisanale, ou même de service dans le tertiaire, se pose aujourd'hui. Des industriels, dans de nombreux secteurs, se sont engagés dans cette démarche. Les constructeurs automobiles ont appliqué cette stratégie qui a été reprise dans de nombreux secteurs d'activités. En transférant leurs activités non stratégiques à des prestataires extérieurs, les entreprises peuvent recomposer la chaîne de valeur autour de leurs ressources et aptitudes ayant directement trait à leur cœur de métier. Les activités qui n'utilisent pas les compétences du cœur de métier et qui ne reposent pas sur les savoir-faire spécifiques de l'entreprise peuvent théoriquement être externalisées. Néanmoins, l'avantage concurrentiel d'une entreprise ne se construit pas à partir des compétences de partenaires externes, seraient-ils les meilleurs du monde. Cette dernière doit garder ses avantages actuel et futur sur ses concurrents en optimisant les ressources sur son métier et ainsi dégager une rentabilité optimale du capital engagé.

**La question est simple :
pourquoi faire nous-même
ce qui n'est pas le cœur de notre métier ?**

1. Les bénéfices de l'externalisation

En externalisant, une société peut profiter des dernières techniques et de meilleures compétences dans le domaine de la sous-traitance. Il en résulte des économies d'échelles (exemples : réductions de coûts, partages de compétences…) et la sortie du bilan de certaines immobilisations (exemples : externalisation de stocks de pièces de rechange, appareils de mesure coûteux, outillages spécifiques…). On peut également dégager des économies sur les frais variables correspondant à des rémunérations non utilisées et les investir en moyens humains ou en équipements de production. Confier le management de ces actifs à un prestataire extérieur, expert dans son domaine, conduit en général à des gains de productivité grâce à son retour d'expérience.

Ce type d'externalisation bâti dans une perspective de réduction des coûts n'est qu'une étape vers le partenariat. Celui-ci débouche sur un processus qui s'engage sur des gains de performance qui seront ensuite partagés. On ne se contente plus uniquement de transférer une activité ou un processus, on en coproduit la redéfinition avec le partenaire avec les risques de pertes d'autonomie que cela comporte.

On constate aussi une amélioration de la qualité du service car le prestataire externe dispose de l'expérience requise et de la logistique appropriée pour s'acquitter de la tâche qui lui est dévolue.

Lorsqu'une industrie confie sa maintenance à un mainteneur professionnel, celui-ci utilise des moyens qui dépassent ceux qu'aurait pu mobiliser le client (exemple : les grands arrêts dans les raffineries avec des moyens logistiques importants en hommes, en matériels, en expertises…). Et ce, sans qu'elle doive en propre réaliser des investissements nécessaires dans des domaines spécialisés.

De même, dans le domaine des contrôles réglementaires, la sous-traitance fournit des documents et certificats de conformités réglementaires à des auditeurs tels que DRIRE, Agence du médicament, assureurs… Il faut savoir que si l'on souhaite apporter ce type d'éléments, on doit se doter d'un service inspection reconnu. Cela a un coût et il s'agit d'avoir un volume d'activité suffisant pour occuper le personnel concerné.

2. Les risques de l'externalisation

En dépit de ces avantages (coût, qualité, conformité réglementaire...), les opérations d'externalisation comportent certains risques. En effet, des fonctions non stratégiques à un certain moment peuvent se révéler ultérieurement comme des processus critiques pour la vie de l'entreprise.

3. Le contrat de sous-traitance

3.1. Le facteur humain, condition essentielle de la réussite du contrat

La réussite d'un contrat se traduit bien évidemment de façon financière, mais personne ne doit être perdant. Le contrat doit donc couvrir les modalités de durée, de prix, de description précise des prestations, de modalité des échanges d'informations, de niveau minimal du service, de suivi et d'appréciation des résultats, des prestations, du partage des rôles et des responsabilités, de la sécurité des biens et des personnes, de la propriété et de la confidentialité des informations, du bonus malus liés aux performances, de transférabilité du contrat, des échéances, de la gestion des dysfonctionnements, de la conséquence d'un dépôt de bilan, de l'évolution contractuelle... Rien de moins ! Le facteur humain dans un contrat d'externalisation est essentiel. Il est donc indispensable de bien choisir la personne responsable du contrat car les principaux acteurs doivent avoir une réelle capacité à communiquer avec les salariés internes et externes.

3.2. L'optimisation

L'objectif d'une société est d'optimiser ses marges en réduisant ses coûts de fonctionnement. Les sociétés se recentrent donc sur leur activité et externalisent leurs fonctions annexes car l'expertise n'est pas de leur fait dans les métiers de la maintenance. Une maintenance efficace permet aussi un retour sur investissement plus rapide sur les installations.

Le client peut donc optimiser ses ressources :

➤ Sous-utilisation de son personnel de maintenance ➜ surcoûts de non-utilisation du fait d'une sous-activité.

➤ Manque de capacité de maintenance pour la sur-activité ➜ heures supplémentaires à payer...

➤ Stockage de pièces de première urgence chez le prestataire → réduction des coûts de stock et de maintien à niveau relativement à leur usure ou leur obsolescence et aux éventuels réglages à faire.

➤ Manques de compétence et sous-exploitation des compétences de son personnel (exemples d'externalisation : frigoriste, automaticien, ascensoriste, mécaniciens de matériels roulants, métrologie…).

➤ Traçabilité des opérations de maintenance pour des auditeurs tels que la DRIRE, l'AFSSAPS, la FDA, l'Agence de l'eau…

4. Les partenaires

4.1. Le nombre des sous-traitants

Le nombre idéal est de deux sous-traitants par métier, l'un couvrant 40 % de CA (chiffre d'affaires), et l'autre 60 %.

Pourquoi deux ?

➤ Plus il y a de sous-traitants, plus cela représente pour le client de travail dans le suivi des contrats (contrôle de ce qui est fait et traitement administratif).

➤ En réduisant le nombre de prestataires, on peut obtenir des volumes suffisants pour que le prestataire ait une permanence sur le site, ce qui permet de réduire les délais d'attente en cas d'actions correctives.

➤ En augmentant le nombre de prestataires, le volume de travail devient trop faible pour que le prestataire ait une permanence sur le site. Cela a pour effet d'augmenter les délais d'attente en cas d'actions correctives car le prestataire doit planifier le déplacement occasionné (disponibilité, planification, déplacement…) avec des coûts d'interventions qui augmentent, sans compter que ce n'est pas forcément la même personne qui interviendra.

➤ Un seul prestataire, cela peut être dangereux s'il est en position de monopole. On ne peut pas faire de comparatif en matière de prix, on est à la merci des risques sociaux et matériels pesant sur le prestataire…

➤ On assure la pérennité de la prestation en cas de défaillance d'un des deux partenaires.

➤ La situation idéale est donc deux prestataires avec une mise en concurrence et une cotation annuelle pour répartir les 40 ou 60 %.

4.2. Le client et le prestataire doivent être des partenaires

Quelles peuvent être les causes de ruptures de contrats par le client ou fournisseur ?

➤ Changement de stratégie du client quand celui-ci souhaite reprendre l'activité

➤ Restructuration de la société

➤ Fusion ou acquisition de la société

➤ Changement des hommes responsables du contrat

➤ Insatisfaction d'une des parties

Il faut rédiger des contrats de sous-traitances pour définir les devoirs de chacun des acteurs (le client et le prestataire). La relation entre le client et le fournisseur peut être comparée à un mariage. Tout va forcément bien au début mais parfois il faut se séparer et, dans ce cas, il faut prévoir un contrat qui permette des ruptures sans problème majeur.

5. Les critères de sélection d'un sous-traitant

Le partenaire extérieur doit posséder les aptitudes permettant d'intervenir dans les mêmes conditions de sécurité qui prévaudraient chez le client. Il doit être à même de maintenir ces conditions optimales tout au long de la durée du contrat.

Le client prendra donc en compte les éléments suivants, qui ne sont pas exhaustifs :

➤ Compétences techniques et qualifications du personnel intervenant.

➤ Moyens d'encadrement affectés.

➤ Aptitude et capacité à satisfaire l'ensemble des réglementations en vigueur et les dispositions prévues dans le contrat.

➤ Moyens techniques et organisationnels en matière de sécurité, d'hygiène, de protection de l'environnement et des résultats obtenus.

➤ Adaptation avec le type d'organisation du client.

➤ Expérience jugée au travers de références ou de référentiels contrôlables.

➤ Formation régulière, adaptée au contexte du travail et actualisée, dispensable au personnel en matière de sécurité.

➤ Les moyens de communications entre les partenaires pour des interventions optimisées.

➤ Les coûts des prestations du contrat en tenant compte (très important) des coûts des prestations hors contrat. Sur ce point, il est très important de faire un comparatif avec les *coûts complets internes* que le client supporterait s'il était autonome.

➤ Il est souhaitable de connaître et de se faire communiquer le dossier en matière de sécurité du prestataire avec les éléments suivants :

☞ définition de sa politique de sécurité ;

☞ indication des taux de fréquence et accidents significatifs ainsi que retour d'expérience ;

☞ formations à la sécurité organisées pour leurs salariés ;

☞ mention des risques liés à leur activité professionnelle ;

☞ mesures de prévention, organisation et consignes destinées à maîtriser ces risques ;

☞ définitions des protections collectives et individuelles ainsi que les procédures pour l'application et la mise en œuvre de celles-ci.

6. Les contrats

6.1. Les contrats préexistants

Attention ! Les contrats, dans le droit des affaires, peuvent ne pas être écrits et exister sans qu'on le sache.

Par exemple, un fournisseur qui assume un volume d'affaires régulier pour un client bénéficie d'un *contrat verbal à durée indéterminée*. Dans ce cas, si l'un des partenaires arrête le courant d'affaires, l'autre peut demander des dommages et intérêts pour rupture abusive. Pour rompre ce type de contrat, il faut prévenir le partenaire dans un délai raisonnable (3 à 6 mois est la norme). Il est conseillé de le faire par courrier recommandé avec AR (accusé de réception).

Il est indispensable pendant la durée du contrat, jusqu'à sa rupture, de maîtriser la traçabilité des opérations de maintenance. Il faut faire des audits réguliers et aléatoires pour vérifier que la documentation TQC (Tel Que Construit) est toujours à jour, que toutes les opérations de maintenance (préventive et corrective) ont été enregistrées, mais aussi veiller à la façon dont elles ont été traitées et contrôler que ce qui a été prévu dans le contrat a été fait.

En fin de contrat, ou lors de la rupture, le client doit être capable de changer de fournisseur ou de reprendre l'activité en interne sans perturber le bon fonctionnement de l'outil de production, et ainsi assurer la continuité de la traçabilité des opérations de maintenance.

6.2. Cas de prestataires intervenant sur les sites classés « Seveso-seuil haut »

Les prestataires qui interviennent en maintenance sur des sites industriels, logistique, construction (hors chantier soumis au décret 94), devront être habilités par un organisme extérieur pour pouvoir intervenir sur des installations classées Seveso-seuil haut.

À partir de 2004, il sera procédé à cette habilitation sur la base d'un référentiel prenant en compte les accords de l'UIC (Union des industries chimiques). En fonction des particularités des sites et des interventions, les clients pourront exiger des assurances complémentaires. Pour la mise en œuvre de ce dispositif d'habilitation des prestataires par un organisme extérieur, on procédera par accords avec les branches professionnelles concernées.

6.3. Ce qui est important pendant la période d'exploitation du contrat

➤ Assurer la traçabilité des opérations

➤ Maintenir une documentation de l'outil de production TQC (« Tel Que Construit »)

➤ Suivre l'exécution (pour le client) des contrats avec une équipe compétente et faire des audits pour vérifier que l'on paie ce qui est convenu.

Les bases juridiques incontournables

Le contrat de sous-traitance qui va être signé doit être conforme aux différentes législations qui s'appliquent, en droit national comme en droit international car les contrats sont souvent signés par des sociétés de « nationalités » diverses.

1. Les bases essentielles du droit des affaires

Toutes les règles de droit d'un pays donné s'appliquent sur le territoire de ce pays. C'est le principe de la territorialité.

➤ Les actes de l'autorité publique française s'appliquent sur tout le territoire français.

➤ Les règles françaises s'appliquent sur le territoire français aussi bien au résidant français qu'étranger.

➤ Les actes des autorités publiques étrangères ne sont en principe pas applicables sur le territoire français.

Les lois et les règlements sont applicables du jour de leur entrée en vigueur jusqu'au jour de leur abrogation.

Ces textes officiels ont un effet immédiat. Toutefois, la nouvelle loi ne peut être appliquée à un contrat en cours que pour autant qu'il institue des règles d'ordre public protégeant un intérêt supérieur.

Le législateur peut rendre les lois rétroactives.

2. Les règles juridiques internationales et nationales

2.1. Le droit commun des contrats internationaux

Un contrat international comporte deux aspects :

➤ géographique,

➤ économique.

Sur le plan géographique

Pour que le contrat soit international, il faut que l'objet du contrat franchisse la frontière de deux pays donnés au moins avec un échange de part et d'autre. Exemple : vente de la France à l'Allemagne avec une livraison de l'objet en Allemagne, l'entreprise allemande payant en France.

Prenons le cas d'un Français domicilié à Rouen qui travaille pour une société française située à Paris et dont le contrat est exécuté en Allemagne. Le contrat est « français » à l'origine, mais l'objet du contrat est réalisé au-delà d'une frontière ; il s'agit donc d'un contrat international.

Dans le cadre d'un contrat entre deux étrangers domiciliés en France et faisant des affaires en France, c'est uniquement le droit français qui s'impose.

Sur le plan économique

Un contrat est international quand il met en jeu les intérêts du commerce international.

C'est aussi le cas pour deux Français établissant un contrat en France, si celui-ci est exécuté à l'étranger.

Les parties peuvent choisir la loi qui sera appliquée

La loi désignée par les parties est applicable et il convient donc de se référer à la loi expressément visée dans les contrats par les cocontractants.

Elle a un caractère absolu : on ne peut pas revenir sur la volonté des parties.

La loi choisie doit être respectée par le juge et c'est la raison pour laquelle ce dernier ne peut pas relever d'office une loi étrangère en matière contractuelle parce que les parties ont la libre disposition de leur droit. C'est le principe de la loi d'autonomie qui est admis dans le monde.

En la matière, la limite qui s'applique est liée à l'existence de la loi de police du pays concerné. C'est la loi dont les dispositions sont impératives et vont s'appliquer avec la règle de conflit, par exemple dans le cas de contrôle d'échange où l'on vérifiera que les déclarations ou les autorisations nécessaires sont conformes à la réglementation des échanges.

En l'absence de choix de loi par les parties, le juge devra déterminer la loi applicable car il devra se référer à un texte ; le contrat ne suffira pas en lui-même.

En cas d'absence de choix par les parties

On est contraint de rechercher la loi applicable car il faut tenir compte du principe de l'interdiction du contrat sans loi. En revanche, il est possible d'envisager la loi du lieu de conclusion, voire la loi du lieu de livraison invoquée par l'une des parties tendant à l'annulation du contrat. Le juge se servira de ces indices pour déterminer la loi applicable.

Il se limitera au contrat et ne prendra pas en considération les éléments extérieurs au contrat, même s'ils en influencent tant la création que l'exécution. Il faudra qu'il dégage la volonté des parties à partir des éléments fournis par le contrat et de différents indices de situations figurant dans celui-ci. Comme indices, il pourra prendre en considération l'élément qui lui semble le plus important, par exemple la langue du contrat, la monnaie, la nationalité ou le domicile, le lieu de conclusion ou d'exécution.

En jurisprudence, depuis 1980, c'est le lieu d'exécution qui a été constamment retenu et on constate que, lorsque d'autres éléments sont pris en compte, c'est pour appuyer le critère du lieu d'exécution du contrat.

Seul le droit du travail échappe à cette règle en raison de la faveur accordée au salarié. Dans ce cas, c'est la loi la plus protectrice qui est retenue. Même si une loi a été prise en considération dans le contrat, le juge peut appliquer la loi du lieu d'exécution si elle est plus favorable pour le salarié.

En matière contractuelle, on doit respecter les conventions internationales et, s'il n'y a pas de convention, il est nécessaire que les parties invoquent la loi étrangère pour que celle-ci puisse être appliquée. S'il n'y a pas d'indice et s'il n'y a pas de traité international, il incombe à la partie qui invoque qu'un droit étranger est applicable d'en apporter la preuve et d'établir la différence par rapport à la loi choisie par le juge. Pour un juge français, à défaut, il appliquera le droit français en raison de sa vocation subsidiaire. La Cour de cassation admet la possibilité que les parties peuvent à tout moment changer la loi applicable au moyen d'un avenant.

En matière contractuelle et conventionnelle, le renvoi est interdit.

3. La forme du contrat

Le contrat doit-il contenir des mentions obligatoires sous peine de nullité ?

Il doit comporter au minimum :

➤ l'objet qui doit être défini ;

➤ le prix ou les indices permettant de le déterminer ;

➤ la date d'exécution du contrat.

L'acte doit-il être authentique, sous-seing privé, solennel ?

➤ Dans le droit des affaires, il n'y a pas d'obligation en la matière car le contrat est traité entre des professionnels ; il est toutefois souhaitable de se faire conseiller par un expert. L'acte devra néanmoins être conforme à la législation (voir code civil 1101).

Plusieurs possibilités peuvent être envisagées. La loi applicable à la forme est soit celle du lieu de conclusion, soit celle qui régit le contrat au fond, c'est-à-dire la loi autonome.

Pour ce faire, on dispose de la législation française, des conventions internationales et de :

➤ la Convention de Vienne,

➤ la Convention de Rome,

➤ la Convention de Bruxelles.

4. Les conventions internationales

4.1. La Convention de Vienne du 11 avril 1980

La Convention des Nations unies s'est déterminée sur les contrats de vente internationale de marchandises à Vienne le 11 avril 1980.

Elle détermine ceci :

➤ Le prix doit être fixé avec des indices s'il n'est pas connu.

➤ Sur le plan international, on procède au transfert des risques à la livraison du bien. Pour la France, le transfert des risques (code civil 1138) se produit en même temps que le transfert de propriété (code civil 1583).

(Voir chapitre 6, p. 127)

4.2. La Convention de Rome du 19 juin 1980

Elle détermine :

➤ la loi applicable au contrat ;

➤ la loi décidée par les parties ;

➤ la loi du pays où réside celui qui a obligation contractuelle.

(Voir chapitre 6, p. 127)

4.3. La Convention de Bruxelles du 27 septembre 1968

Elle détermine :

➤ la compétence judiciaire ;

➤ la reconnaissance et l'exécution des décisions en matière civile et commerciale.

(Voir chapitre 6, p. 153)

Les textes des Conventions de Vienne, de Rome et de Bruxelles sont présentés dans leur exhaustivité au chapitre 6.

Le contrat

1. Les étapes de la mise en place du contrat

1. La négociation avant le contrat. C'est la période d'avant la signature du contrat. Le contrat n'est pas formalisé et les parties en négocient les clauses.

2. La date de départ du contrat qui a lieu quand les deux parties ont signé le contrat et en fonction de la date stipulée sur l'acte.

3. La réalisation du contrat. C'est la période contractuelle pendant laquelle le contrat doit être résolu par les parties. Ce sont respectivement le fournisseur ou prestataire et le client.

4. La date de rupture du contrat. C'est la fin du contrat qui peut survenir avant la date prévue sur le contrat (le terme de celui-ci) ou par rupture d'une des parties.

5. La fin du contrat. C'est le moment de résolution du contrat. Soit qu'il est arrivé à terme et qu'il n'existe plus ou que la rupture est résolue par un accord des parties ou un jugement.

1.1. Avant la signature, la négociation

➤ Pour le système anglais, il n'y a pas d'obligation. On peut arrêter la négociation à tout moment, sans raison. Celui qui rompt la négociation n'a aucun devoir envers l'autre partie même si celle-ci a engagé des dépenses.

➤ Pour le système français, il y a des obligations contractuelles. Celui qui rompt la négociation a des obligations car le partenaire peut demander des compensations.

Obligations lors de la négociation dans le système français

Ce sont :

➤ Principe de la bonne foi ou du comportement loyal.

➤ Obligation de fournir les informations avec devoir de conseil pour le professionnel. Il y a faute quand une des parties sait à l'avance qu'elle ne contractera pas.

➤ Les parties ont le devoir de se renseigner et il est important de prendre connaissance des conditions générales proposées par la partie adverse.

➤ Les parties ont le devoir de confidentialité même s'il n'y a pas d'accord écrit.

➤ Le délai de maintien de l'offre doit être raisonnable.

➤ Invitation à entrer en pourparlers avec accord de volonté sur la forme et le prix.

➤ L'offre d'une des parties doit être :

☞ expresse (à qui est fait l'offre) ;

☞ ferme (sans condition) ;

☞ précise (prix déterminé ou déterminable avec des indices selon la Convention de Vienne).

Durant le stade des négociations initiales, les parties peuvent rompre sans motif.

Au stade de l'acceptation, le refus d'accepter l'offre peut constituer un abus entraînant des dommages et intérêts. Il faut motiver la rupture par une raison réelle. Il est conseillé de faire des comptes rendus de désaccord à chaque étape de la négociation pour clarifier l'intention des parties. Lors de l'accord final, seul le contrat prévaudra et tous les éléments précédents seront caducs.

➤ Il n'y a pas de devoir d'exclusivité dans la négociation et il n'y a pas de devoir de révéler l'existence de négociations parallèles (exemple : éventuel prestataire du sous-traitant).

➤ Dès le début des négociations, il est conseillé de communiquer ses conditions générales et de s'y référer en permanence. Il faut partir du principe que les conditions générales du partenaire sont toujours défavorables. Il ne faut jamais les accepter sans les négocier.

Le contrat de négociation (droit français)

Le délai de la négociation est ferme mais peut être allongé en en fixant un nouveau au terme duquel le contrat sera signé.

Il doit stipuler :

➤ L'objet du contrat pour lequel on négocie.

➤ Les études à mener pour aboutir au contrat.

➤ Les clauses d'exclusivité pour limiter la concurrence.

➤ Les clauses de confidentialité entre les parties pendant et après la négociation.

Régime juridique de la négociation (droit français)

Lors de retard dans les négociations :

➤ Le contractant peut obliger le co-contractant à poursuivre.

➤ Le contractant peut obliger le co-contractant à exécuter sous contrainte.

Lors d'un arrêt définitif :

➤ L'accord de négociation disparaît. il faut déterminer les responsabilités qui peuvent entraîner des dommages et intérêts.

Délivrance d'informations réciproques

Obligations prévues par la loi :

➤ Police d'assurances

➤ Étiquetage de produits

➤ Enseignement à distance

➤ Publicité mensongère.

Obligations générales à tous les contrats :

➤ Devoir de renseignements (obligation de donner à son partenaire des obligations objectives)

➤ Devoir de conseil sur l'opportunité de faire ou de ne pas faire.

La conclusion du contrat

C'est le point de départ de la phase contractuelle ; les parties sont liées par le contrat.

À l'heure actuelle, il n'existe pas de loi sur les contrats de maintenance industrielle.

➤ Le contrat n'implique pas nécessairement un écrit.

➤ Un contrat peut être constitué d'un échange de correspondances. Mais il faut prendre garde à ne pas s'exposer à un délit de marchandage s'il n'y a pas de commande.

➤ Le contrat peut exister sans que les parties en soient mutuellement convenues (par exemple, dans le cadre d'opérations régulières pour la même prestation pendant plusieurs années) ; l'une des deux parties s'expose à une rupture abusive avec dommages et intérêts. C'est un contrat à durée indéterminée et il faut le dénoncer avec un préavis raisonnable de 3 à 6 mois de façon que la partie adverse retrouve d'autres clients ou d'autres fournisseurs.

➤ Les conditions particulières prévalent toujours sur les conditions générales.

Dans le contrat, il faut déterminer :

➤ La loi qui peut lui être appliquée.

➤ La langue dans laquelle le contrat est rédigé doit correspondre à la loi applicable (nationalité du juge). Les traductions n'y sont rapportées qu'à titre informatif.

➤ S'il y a eu des contrats préparatoires, ils doivent être annulés et remplacés par le contrat final.

➤ En préambule, une aide à l'interprétation en cas de conflit.

➤ Les conditions suspensives qui affectent le délai, dans lesquelles on peut faire figurer toutes les conditions, telles que :

☞ clause de réserve de propriété en cas de faillite du client, autorisations administratives, délai, révisions de prix, obligation de moyens (le client doit apporter la preuve que le fournisseur n'a pas tout mis en œuvre pour aboutir au résultat voulu) ou de résultat (le fournisseur doit apporter la preuve qu'un problème majeur l'a empêché de parvenir au résultat) avec des pénalités éventuelles…

➤ Les conditions résolutoires qui mettent fin au contrat, telles que : fin de bail, etc.

La liberté de rédaction est contractuelle dans la limite de l'ordre public. Si le contrat est contraire à l'ordre public, il est nul et censé ne jamais avoir existé. Une clause floue sera toujours interprétée en faveur du débiteur de l'obligation.

Il ne faut pas compter sur la bonne foi des parties. En cas de litige, le contrat sera interprété par un juge qui ne connaît rien à la technique. Il ne s'arrêtera que sur ce qui est effectivement écrit, au sens littéral des mots. Il ne tiendra pas compte des échanges oraux lors des négociations.

En cas de clause vague, elle sera toujours interprétée par le juge en faveur de celui qui s'oblige. Il est donc conseillé au client de prévoir des engagements d'une clarté absolue de la part du prestataire.

Il est également conseillé de prévoir des pénalités réciproques pour régler les écarts de chacune des parties de manière amiable plutôt que de recourir aux tribunaux.

Pour chacune des deux parties, le fait d'imposer ses conditions générales (pour un fournisseur unique) sans donner la possibilité de les discuter peut être assimilé à un abus de position dominante.

1.2. La signature

Lors de l'acceptation par l'autre partie, l'offre doit être :

➤ éclairée avec les conditions de l'offre (prix, quantités, conditions de vente globale, clause de réserve de propriété…) ;

➤ pure et simple (cela ne peut pas être une contre-proposition) ;

➤ extériorisée avec un comportement qui confirme l'acceptation (envoi de marchandise, fourniture de prestations de maintenance, tacite reconduction…) ;

➤ toutes les pages d'un contrat et y compris celles des annexes doivent être parafées.

Difficultés lors de la signature

➤ Si les parties sont présentes, on ne doit pas rencontrer de problème ; c'est la situation idéale.

➤ Si les parties ne sont pas présentes, le traitement se fait par courrier. Mais quelle est la date de validation du contrat ?

Exemple :

1. Paris signe mais New York ne connaît pas le contrat.

2. Réception à New York.

3. Signature à New York.

4. Expédition de New York.

5. Réception à Paris ➜ c'est le moment de la conclusion.

1.3. Après la signature

Pour les systèmes anglais et français, il y a obligation contractuelle de résolution du contrat jusqu'à son expiration.

L'obligation du fournisseur consiste à : livrer l'objet du contrat ou le service, le garantir, en prodiguant conseils et renseignements, respecter les dates de livraisons (choses ou services).

L'obligation du client consiste à : prendre livraison, en accuser la livraison (acte unilatéral), payer la « chose » ou le service.

Durant la réalisation du contrat, le fait de ne pas invoquer le bénéfice d'une clause plusieurs fois de suite peut être assimilé à une renonciation définitive de l'application de la clause (exemple : pénalité).

La partie qui se plaint des conditions d'exécution du contrat doit faire connaître à son cocontractant ses protestations par formulation de réserve par voie écrite avec accusé de réception. À défaut, aux yeux du juge, elle sera censée avoir accepté la situation.

L'une des parties ne peut pas imposer à l'autre une modification du contrat sans son accord. Il en est de même pour les tribunaux. Toutes les modifications d'un contrat doivent faire l'objet d'un avenant signé des deux parties.

Le début d'exécution, sans signature du contrat, équivaut à une acceptation tacite des dernières conditions proposées par l'autre partie (exemple : paiement d'une traite par le client, intervention sur le site du prestataire...).

Lors d'envoi des factures, il est fréquent qu'en leur verso soient reproduites les conditions générales de ventes du prestataire. Le fait de payer la facture n'équivaut pas à une acceptation des conditions générales de vente du prestataire qui seraient contraires aux documents contractuels antérieurs. Néanmoins, un accord verbal et un paiement de la facture sans réserve équivalent à une acceptation des nouvelles conditions. Il est conseillé au client d'envoyer ses conditions générales au prestataire avant de payer la facture.

2. Les conditions de validité du contrat (code civil 1101)

Il est établi par la loi qu'un contrat est un accord de volonté soumis à cinq conditions de validité :

1. Il y faut le consentement des parties.

2. On dénombre trois vices de consentement :

➤ erreur

➤ dol (manque d'information d'un des deux contractants)

➤ violence

3. Il faut avoir la capacité de signer un contrat

Exception :

➤ mineurs

➤ majeurs protégés

Le salarié qui signe un contrat au nom de sa société doit avoir une délégation de pouvoir de son P-DG. Dans le cas contraire, la société ne pourra pas ultérieurement invoquer le défaut de pouvoir du salarié pour invalider le contrat.

Dans le cas d'une filiale, on ne peut pas contraindre la société mère à respecter les engagements de sa filiale.

4. La cause (la raison du contrat)

Elle doit être :

➤ licite

➤ morale

5. L'objet (code civil 1582 à 1685)

➤ sur quoi porte le contrat

➤ qui doit exister au moment de la signature.

Un contrat est une convention qui fait naître une ou plusieurs obligations, ou bien qui crée ou transfère un droit réel (code civil 1101).

Les contrats dans la vie des affaires concernent deux fonctions essentielles : la fourniture de biens et la prestation de service.

3. Les contrats de fournitures de biens

3.1. Transfert de propriété

Le transfert de propriété peut provenir d'un contrat de vente ou d'échange.

Dans le domaine de la maintenance, cela concerne les contrats relatifs aux fournitures de matériels qui peuvent être stockés chez le client ou le fournisseur.

La vente est spécialement régie par les dispositions des articles 1582 à 1685 du code civil et par le droit commun du contrat. La « chose » concernée doit se trouver dans le commerce, c'est-à-dire que des lois n'en ont pas prohibé l'aliénation. Certaines ventes sont réglementées, telles que les soldes, le démarchage ou la vente à domicile…

Il faut particulièrement veiller :

➤ à la détermination du prix et de la « chose »,

➤ à la validité des limitations relatives à la garantie des vices cachés,

➤ au devoir de conseil et d'information du vendeur,

➤ au risque de la requalification de la vente en donation.

3.2. Transfert de jouissance

Le transfert de jouissance peut résulter d'un contrat de bail ou de prêt.

Dans notre domaine, cela concerne les contrats relatifs aux achats de fluides aux compteurs (frigories, vapeur, air comprimé…), le traitement des effluents (station de méthanisation, station de production d'air liquide…), les fulls services (chariots élévateurs)…

4. Les contrats de fournitures de services

Les contrats de prestations de services sont ceux par lesquels une personne s'engage à exécuter une tâche déterminée au profit d'une autre personne, moyennant un prix déterminé.

Dans notre cas, cela concerne principalement les contrats relatifs aux prestations de maintenance (corrective, préventive, périodique, prédictive…), globales ou partielles, et de contrôles réglementaires (électrique, équipements à pressions, appareils de mesures, levage, pesage…).

Dans le domaine de la maintenance, de nombreux contrats se concluent sans être discutés, mais il y a des contrats « moins usuels » qui font l'objet de négociation.

5. La maintenance et la sous-traitance de la maintenance

La norme AFNOR X 60 010 (voir schéma p. 28) définit la maintenance comme l'ensemble des actions qui permettent de maintenir ou de rétablir un bien dans un état spécifié, ou consistant à être en mesure d'assurer un service déterminé pendant la durée de vie du bien. Il est bien entendu que celle-ci doit être déterminée et précisée car si l'on maintient le matériel à durée de vie illimitée, cela ne peut entraîner des dépenses injustifiées.

Cette opération peut être sous-traitée à différents niveaux et processus d'intervention.

1) Dans le domaine de la maintenance, on peut distinguer plusieurs types de prestations :

a. prestations de maintenance préventive à dates fixées par les parties

b. prestations de maintenance conditionnelle (seuils de quantités)

c. prestations de maintenance corrective en curatif ou en palliatif

d. prestation de maintenance prévisionnelle ou prédictive (mesures)

e. exploitation de l'installation.

A) ***La maintenance préventive*** couvre l'ensemble des actions prévisionnelles décrites dans les plans de maintenance des matériels. Il est procédé à ces opérations à dates prédéterminées. Ce type de maintenance concerne les interventions suivantes :

➤ Les contrôles d'usure avec remplacement prévisionnel.

La maintenance selon la norme NF 60-010

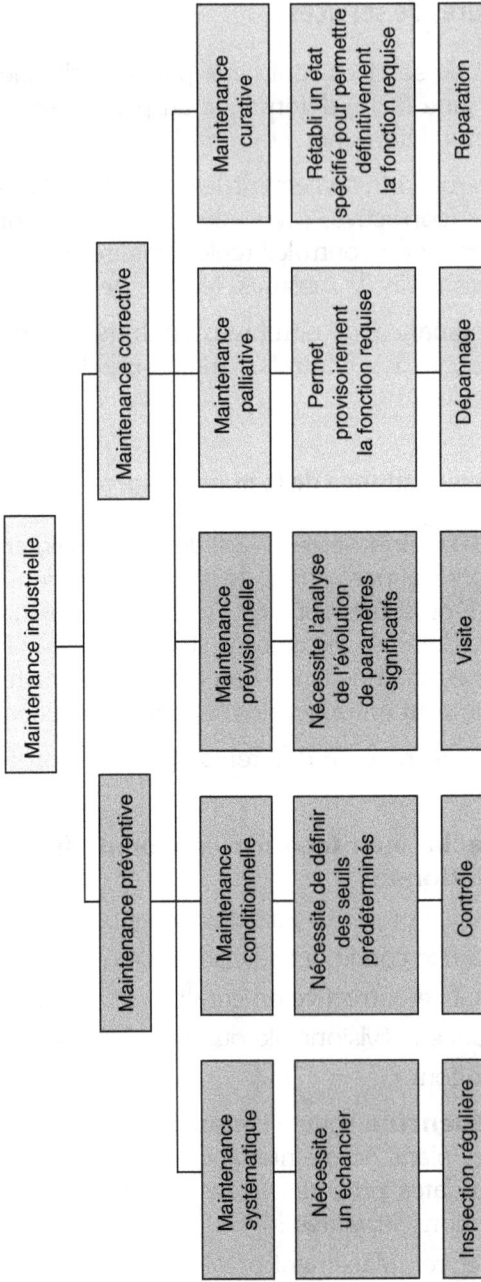

Maintenance industrielle

Maintenance préventive

Maintenance systématique
Nécessite un échancier
Inspection régulière

Maintenance conditionnelle
Nécessite de définir des seuils prédéterminés
Contrôle

Maintenance prévisionnelle
Nécessite l'analyse de l'évolution de paramètres significatifs
Visite

Maintenance corrective

Maintenance palliative
Permet provisoirement la fonction requise
Dépannage

Maintenance curative
Rétabli un état spécifié pour permettre définitivement la fonction requise
Réparation

Les travaux peuvent être exécutés par l'entreprise
Personnel qualifié
Personnel formé
Équipements appropriés (prise de pression, contrôles visuels, contrôles par capteurs, vérification d'absence de tension, …)
Notices documentaires du constructeur
Décision de déclassement ou de réforme

OU

Les travaux peuvent être exécutés par des entreprises extérieures
Personnel qualifié
Personnel formé
Équipements appropriés (prise de pression, contrôles visuels, contrôles par capteurs, vérification d'absence de tension, …)
Notices documentaires du constructeur
Mesures d'accompagnement
Inspection préalable avec analyse des risques
Plan de prévention
Rapport ou procès-verbal de contrôle

➤ Les remplacements systématiques.

➤ Les opérations de graissage et analyses d'huile.

➤ Les visites de maintenance appelées de 1er niveau ou contrôles de routine utilisant les sens : odorat (fuite d'huile), vue (usure de courroie, pression, température, débit anormal), touché (vibration de palier), ouïe (bruit de ventilateur...)

➤ Les visites et contrôles réglementaires imposés par la loi : détection et extinction d'incendie, ascenseurs, appareils à pression, appareils importants pour la sécurité (DRIRE)...

➤ Les visites imposées par le métier dans le cadre de la qualité ISO, AFSAPS : requalifications périodiques (capteurs, balances, pesons...).

B) *La maintenance conditionnelle* couvre l'ensemble des actions conditionnelles décrites dans les plans de maintenance des matériels. Ces opérations sont faites à partir de compteurs. Il peut s'agir d'un temps de fonctionnement (exemples : machines tournantes, balais de collecteurs) ou de quantité (exemples : kilowattheure, kg, volume...). Elle concerne plus particulièrement les interventions suivantes :

➤ Les contrôles d'usure conditionnels.

➤ Les remplacements systématiques en fonction du compteur.

➤ Les opérations de graissage et les analyses d'huile (exemples : groupes frigorifiques, centrifugeuses, essoreuses, moteurs à courant continu...).

➤ Les visites et contrôles réglementaires imposés par la loi : machines tournantes à grande vitesse, appareils importants pour la sécurité (DRIRE)...

C) *La maintenance corrective curative ou palliative* couvre l'ensemble des actions de réparation avec ou sans arrêt du matériel. Elle concerne plus particulièrement les interventions suivantes :

➤ Réparation des matériels défaillants.

➤ Dépannage des matériels. Dans ce cas, le facteur temps est très important.

D) *La maintenance prédictive* (mesures) couvre l'ensemble des actions prévisionnelles décrites dans les plans de maintenance des matériels. Il est procédé à ces opérations en fonction des mesures réalisées. Il n'y a pas de remplacement systématique, que l'on anticipe en fonction des degrés de dégradations mesurés. Ce type optimise les coûts de maintenance et évite les surcoûts de la maintenance systématique (remplacement de pièces non usées, ouverture et arrêt d'installation non justifié). Cette maintenance se réalise au moyen de nombreux systèmes de mesures. Elle concerne les interventions suivantes :

➤ Les contrôles, les analyses et mesures d'usure : odorat (fuite d'huile), vue (usure de courroie, pression, température, débit anormal), toucher (vibration de palier), ouïe (bruit de ventilateur...).

➤ Les remplacements en fonction du niveau d'usure mesuré.

➤ Les opérations de vidangeage en fonction des analyses d'huile (huile moteur, transformateur...).

E) *Un autre type de maintenance couvre l'ensemble des actions d'exploitation d'installations.* Il est procédé à ces opérations en fonction de la politique de maintenance du prestataire. Ce dernier est responsable de la conduite et de la maintenance des matériels. Elle peut concerner les installations suivantes :

➤ L'exploitation des centrales de fournitures d'énergies telles que le froid, l'air comprimé, la vapeur, la fourniture d'eau ou de gaz...

➤ L'exploitation d'installations de climatisation, de machines tournantes.

➤ L'exploitation d'installations de stations de traitement telles qu'une station de méthanisation, une station d'épuration.

Le client, bien souvent dans ce cas, paie un forfait en fonction des volumes utilisés. Le forfait comporte une partie fixe pour couvrir les frais tels que les amortissements, les salaires, etc., et une partie variable en fonction du taux d'utilisation des installations. Néanmoins, il est souhaitable de faire figurer dans le contrat une clause de progrès pour réduire les coûts en partenariat.

2) Dans le domaine de la maintenance, on peut également distinguer plusieurs processus d'intervention en cas de dysfonctionnement selon le type de prestation :

a. Planification à dates des interventions

b. Appel téléphonique, hot line et fax pour le correctif (dépannage)

c. Télésurveillance de l'installation

d. Permanence du prestataire sur le site

© Éditions d'Organisation

Pour traiter ce point, il convient de se poser des questions simples, sur le mode de l'investigation journalistique :

➤ Qui ?

➤ Comment ?

➤ Quand ?

➤ Où ?

➤ Pour quoi faire ?

3) La fin de contrat

La fin de contrat est toujours un moment délicat. C'est la raison même de l'existence du contrat et de toute l'attention dont il doit faire l'objet.

Pour différentes raisons, un contrat de prestations peut s'arrêter. Nous pouvons distinguer deux cas : la rupture pendant l'exécution du contrat et la fin du contrat.

6. La rupture pendant l'exécution du contrat

Les causes peuvent en être multiples et c'est une phase délicate car la rupture est bien souvent à l'initiative d'une des parties. Voilà pourquoi le contrat prévoit cette possibilité de rupture.

6.1. La rupture

Le présent contrat pourra être résilié par l'une des parties au cas où l'autre partie négligerait de façon grave et répétée de remplir les obligations auxquelles elle est tenue par contrat et ne prendrait aucune mesure pour remédier à sa défaillance dans un délai de 48 heures après réception de la mise en demeure. Faute pour la partie défaillante d'avoir remédié à l'infraction dénoncée dans un délai raisonnable après réception de la mise en demeure, le présent contrat pourra être résilié de plein droit par le client. Celui-ci pourra mettre fin au contrat à tout moment sans indemnité, les sommes dues étant arrêtées au jour de la cessation dudit contrat au prorata du travail effectivement réalisé. La résiliation deviendra effective dans un délai raisonnable après réception par le prestataire du courrier de résiliation adressé en recommandé avec accusé de réception.

6.2. La défaillance

En cas de défaillance du prestataire et si le client retient les services d'une autre entreprise pour exécuter les obligations, le prestataire réglera les surcoûts supportés par le client de ce fait.

6.3. Les dommages et intérêts

En cas d'inexécution ou de retard dans l'exécution, du fait du prestataire ou du client, d'une ou plusieurs de ses obligations stipulées dans ce contrat, le client ou le prestataire se réserve le droit de demander à la partie adverse une compensation sous forme de dommages et intérêts du préjudice qu'il subirait de ce fait. Cette demande ne préjuge en rien de toute décision de résiliation du présent contrat, qu'il se réserve également de prendre du même fait.

Le préjudice subi par le client ou le prestataire pourra être évalué sur la base des éléments suivants :

➤ Coûts directs + salaires + charges sociales de la main-d'œuvre immobilisée du fait de cette inexécution + frais spécifiques inhérents à cette immobilisation dûment justifiés.

➤ Coûts des matières, semi-produits ou produits finis perdus.

➤ Coût de la détérioration de tous appareils, machines et installations.

➤ Pénalités de retard et dommages et intérêts dont le client serait redevable vis-à-vis de ses propres clients du fait de la carence du prestataire.

➤ Bénéfice sur les ventes manquées par le client du fait de l'inexécution.

➤ Préjudice moral subi par le client vis-à-vis de ses clients.

Règlement des litiges

Tout différend entre les parties relatif à l'existence, la validité, l'interprétation, l'exécution et la résiliation du présent contrat (ou de l'une quelconque de ses clauses), que les parties ne pourraient résoudre entre elles à l'amiable, sera soumis à la juridiction des tribunaux compétents (de la « ville » du tribunal le plus proche du client), soumis au droit français.

La restitution

Il est important de mentionner dans le contrat la reprise des actifs (installations, Pièces de Rechange (PdR), télésurveillance…), de la documentation Tel Que Construit (TQC) et des historiques visant à assurer la pérennité du bon fonctionnement des installations.

Lors de la résiliation du contrat, le prestataire s'engage à restituer à la société, sans délai, l'ensemble des documents et des dossiers techniques du type « Tel Que Construit » qui lui ont été remis par le client dans le cadre de cette prestation.

La fin de contrat sans renouvellement

Il est théoriquement plus simple de procéder ainsi car la date de fin de contrat est connue des parties. Néanmoins, le contrat doit être dénoncé dans les délais légaux par lettre recommandée avec accusé de réception.

6.4. Les reprises de personnel (Code civil L 122-12-1)

Attention au changement de prestataire

Si le périmètre du contrat ne change pas, le nouveau prestataire peut être tenu de garder le personnel du prestataire précédent selon l'article du Code du travail L 122-12-1.

Article L 122-12-1

(Loi n° 83-528 du 28 juin 1983 art. 1 Journal Officiel du 29 juin 1983)
(Loi n° 91-73 du 18 janvier 1991 art. 1 Journal Officiel du 20 janvier 1991)

À moins que la modification visée au deuxième alinéa de l'article L. 122-12 n'intervienne dans le cadre d'une procédure de règlement judiciaire ou de liquidation des biens, ou d'une substitution d'employeurs intervenue sans qu'il y ait eu de convention entre ceux-ci, le nouvel employeur est en outre tenu, à l'égard des salariés dont les contrat de travail subsistent, des obligations qui incombaient à l'ancien employeur à la date de cette modification.

Le premier employeur est tenu de rembourser les sommes acquittées par le nouvel employeur en application de l'alinéa précédent, sauf s'il a été tenu compte de la charge résultant de ces obligations dans la convention intervenue entre eux.

Deuxième partie

Le contrat

Exemple de contrat
Rédaction exhaustive,
commentaires et conseils

Avertissement

L'exemple de contrat présenté dans ce chapitre ne doit en aucun cas être utilisé en l'état comme modèle.

Il fournit simplement une trame pour guider la réflexion.

La lecture de ce chapitre se fera en deux temps :

➤ La première partie, appelée « les conditions générales » comprend les articles communs à tous les contrats de sous-traitance (objets, périmètre juridique, conditions de paiement, etc.)

➤ La deuxième partie appelée « les conditions particulières » qui est aussi le cahier des charges. Concerne les articles relatifs à l'exécution du contrat.

La rédaction de ces articles dépend du service concerné : maintenance préventive, contrôles réglementaires, stockage de matériels de rechange chez le fournisseur ou chez le client.

Il y a donc deux cas de « conditions particulières » :

➤ Les conditions particulières pour prestation de service (maintenance).

➤ Les conditions particulières pour une prestation de stockage.

La rédaction exhaustive du contrat est présentée en page de gauche, les conseils et commentaires correspondants sont présentés en vis-à-vis sur la page de droite.

CONTRAT DE SOUS-TRAITANCE

Numéro de référence du contrat : « N° contrat »

ENTRE LES SOUSSIGNÉS :

La société « NOM »

dont le siège est : « adresse »

représentée par Monsieur « NOM », « fonction »

Capital : « montant » €

Immatriculée au registre du commerce de : « ville »,
N° : « N° enregistrement »

ci-après désignée « le CLIENT »

d'une part,

ET :

La société « NOM »

dont le siège est : « adresse »

représentée par Monsieur « NOM », « fonction »

Capital : « montant » €

Immatriculée au registre du commerce de : « ville »,
N° : « N° enregistrement »

ci-après dénommée « le PRESTATAIRE »

d'autre part,

Identification du contrat à des fins de classement

Présentation des parties :

- ✓ Raison sociale
- ✓ Type de société
- ✓ Capital social
- ✓ Immatriculation au registre de la chambre de commerce et industrie
- ✓ Adresse postale du siège
- ✓ Nom du signataire représentant la société

Attention

Les signataires devront être mandatés par le P-DG de leurs entreprises réciproques et il pourra leur être demandés d'en apporter la preuve.

SOMMAIRE

A) Conditions générales

1. OBJET (avec renvoi page)
2. OBLIGATIONS DU PRESTATAIRE
3. CONFIDENTIALITÉ
4. DURÉE DU CONTRAT
5. CAHIER DES CHARGES
6. PRIX
7. RÉSILIATION
8. DOMMAGES ET INTÉRÊTS
9. ASSURANCES
10. FORCE MAJEURE
11. STIPULATIONS GÉNÉRALES
12. SOUS-TRAITANCE
13. RÈGLEMENT DES LITIGES
14. MODIFICATION DU CONTRAT

> **Un sommaire avec foliotage pour simplifier la lecture du contrat**

Première partie « A » : les conditions générales

Les conditions générales peuvent être communes à l'ensemble des contrats de sous-traitances pour des prestations de maintenance, de contrôles réglementaires, de stockages de pièces chez le client ou son prestataire.

B) Conditions particulières au choix

B1) CONDITIONS PARTICULIÈRES POUR UNE PRESTAION DE **MAINTENANCE**

1. RESPONSABILITÉ
2. OBLIGATIONS DE RÉSULTAT
3. PÉNALITÉS ET BONUS
4. REMPLACEMENT
5. TRAVAUX HORS CONTRAT
6. STOCK STRATÉGIQUE
7. PAIEMENT
8. RÉUNION
9. PROCÉDURE D'INTERVENTION
10. EXEMPLAIRES DU CONTRAT
11. LIEU ET DATE DE SIGNATURE

B2) CONDITIONS PARTICULIÈRES POUR UNE PRESTATION DE **STOCKAGE**

1. RESPONSABILITÉ
2. OBLIGATIONS DE RÉSULTAT
3. GARANTIE
4. DOCUMENTATION
5. PÉNALITÉS
6. REMPLACEMENT
7. TRAVAUX HORS CONTRAT
8. PAIEMENT
9. TRANSFERT DE PROPRIÉTÉ
10. ASSURANCE
11. AUDIT
12. CONDITIONS DE RÉALISATION
13. EXEMPLAIRES DU CONTRAT
14. LIEU ET DATE DE SIGNATURE

Deuxième partie « B » : les conditions particulières

Les conditions particulières des contrats de sous-traitances doivent être adaptées en fonction des prestations de maintenance, de contrôles réglementaires, de stockages de pièces fournies chez le client ou son prestataire (voir nos exemples détaillés ci-après).

IL A ÉTÉ PRÉALABLEMENT EXPOSÉ CE QUI SUIT :

Le PRESTATAIRE est spécialisé dans le domaine des prestations de « *choix de la maintenance ou/et de fournitures de pièces de rechanges ou/et contrôles réglementaires* ».

Le CLIENT a fait part de son souhait de bénéficier de la compétence, du savoir-faire et des méthodes spécifiques du PRESTATAIRE.

C'est pourquoi, après échange d'informations, le PRESTATAIRE se voit confier par le CLIENT des missions de « *maintenance ou/et de fournitures de pièces de rechanges ou/et contrôles réglementaires* » étant entendu que chaque mission est définie de façon détaillée dans les conditions particulières ou/et un cahier des charges annexé au présent contrat.

Les types de maintenance :

- ✓ Corrective palliative (dépannage)
- ✓ Corrective curative (réparation)
- ✓ Préventive systématique (calendrier)
- ✓ Préventive conditionnelle (seuils de quantités)
- ✓ Préventive prévisionnelle (mesures)

Les contrôles :

- ✓ Sécurité pour la détection et l'extinction incendie, les appareils à pressions, les systèmes levages, les machines dangereuses...
- ✓ Réglementaires pour les audits de la DRIRE, l'Agence de l'eau...
- ✓ Mesure qualité pour les audits de la FDA, l'Agence du médicament...

Les types de stockages :

- ✓ Chez le client
- ✓ Chez le prestataire

CELA EXPOSÉ, IL A ÉTÉ CONVENU CE QUI SUIT :

1. L'objet

1   Le présent contrat a pour objet de définir les conditions dans lesquelles le PRESTATAIRE assurera les prestations de « *choix de la maintenance ou/et de fournitures de pièces de rechanges ou/et contrôles réglementaires* » exploitées par le CLIENT sur ses sites de X ou Y.

2. Les obligations du prestataire

2.1   Les prestations seront effectuées conformément aux conditions particulières ou/et au cahier des charges joint au présent contrat.

2.2   Le PRESTATAIRE s'engage à informer et conseiller le CLIENT, tant préalablement qu'au cours de l'exécution du présent accord, de tout élément susceptible d'améliorer l'exécution de la prestation ou d'en diminuer le coût.

2.3   Le PRESTATAIRE fournira au CLIENT tous éléments et méthodes, et, de manière générale, toutes données, permettant au CLIENT de décider des options à opérer.

2.4   Le PRESTATAIRE s'engage à une obligation de résultat pour l'exécution conforme de la prestation au cahier des charges.

Définition de la prestation et du lieu de réalisation.

1 Définition de l'objet.

2 Devoir de conseils et de renseignements du prestataire envers son client.

Obligation de résultat et obligation de moyens

Le client s'engage à parvenir à un résultat donné. S'il n'est pas atteint, le prestataire est présumé avoir commis une faute. Le client n'a pas à prouver la faute. Le prestataire devra prouver que l'inexécution est due à une cause étrangère.

Le client a tout intérêt de souscrire à une obligation de résultat.

Le prestataire s'engage seulement à mettre les moyens en œuvre requis pour tenter de parvenir au résultat. Si le résultat n'est pas atteint, c'est le client qui devra prouver la faute du prestataire qui n'a pas respecté son obligation de diligence.

Le prestataire a tout intérêt de souscrire à une obligation de moyens.

2.5 Le PRESTATAIRE s'engage à respecter les délais mentionnés dans le cahier des charges ; en cas de retard, il en tiendra informé le CLIENT et proposera les solutions appropriées afin de réduire les conséquences du non-respect des délais.

2.6 Dans l'hypothèse où des salariés du PRESTATAIRE seraient amenés à intervenir, pour les besoins de l'exécution de la prestation, au sein des locaux du CLIENT, le PRESTATAIRE s'engage à faire respecter par ceux-ci les consignes d'hygiène et de sécurité ainsi que le règlement intérieur applicable, notamment les dispositions du décret n° 92158 du 22 janvier 1992 (*Journal officiel* du 22 février 1992) fixant les prescriptions particulières d'hygiène et de sécurité applicables aux prestations effectuées dans un établissement par une entreprise extérieure.

2.7 Dans le cas où le PRESTATAIRE fait appel à des sous-traitants, il s'engage à faire respecter les obligations mentionnées précédemment.

2.8 Le PRESTATAIRE s'engage à affecter, pendant toute la durée de l'exécution de chaque mission définie dans le cahier des charges annexé au présent contrat, un personnel qualifié et compétent.

2.9 Le PRESTATAIRE assurera l'encadrement hiérarchique et le contrôle de son personnel sous sa responsabilité.

2.10 En application des dispositions législatives et réglementaires régissant le travail dissimulé en France, le PRESTATAIRE s'engage à fournir au CLIENT :

– les documents visés à l'article R. 324-14, Code du travail, attestant le respect de ses obligations légales et réglementaires par l'employeur au titre des contrats de travail et, à remettre au CLIENT en application de l'article R.341-36, Code du travail.

– une attestation sur l'honneur indiquant s'il a ou non l'intention de faire appel, pour l'exécution du contrat, à des salariés de nationalité étrangère et, dans l'affirmative, certifiant que ces salariés sont ou seront autorisés à exercer une activité professionnelle en France.

2.6 Il y a lieu d'appliquer les articles 237. 1 et suivants du Code du travail qui déterminent les points suivants :

- ✓ Délimitation du secteur d'intervention
- ✓ Matérialisation des zones de danger
- ✓ Plan de prévention
- ✓ Consignes de sécurité
- ✓ Formation du personnel, etc.

2.10

Sanctions

Solidarité avec le prestataire pour le paiement de ses impôts et contributions, et pour le paiement des rémunérations et charges des salariés concernés au prorata du montant des travaux réalisés.

Conseil

Mettre en place une procédure de contrôle interne.

Attention au prêt de main-d'œuvre illicite et délit de marchandage.

Un contrat de prestation peut être requalifié en prêt de main-d'œuvre illicite si le client encadre le personnel du prestataire en rémunérant celui-ci à l'heure.

Conseil

Éviter de signifier un tarif horaire.

L'externalisation d'un service peut constituer un délit de marchandage.

Sanctions pénales

Emprisonnement de 2 ans et/ou une amende de 30 000 €.

2.11 Le PRESTATAIRE s'engage à désigner pour la réalisation des prestations un interlocuteur privilégié parmi ses collaborateurs. Le nom de ce responsable est précisé pour chaque mission de maintenance.

2.12 Le PRESTATAIRE est responsable de la bonne exécution des prestations qui lui sont confiées. À ce titre, il en assure le contrôle et le suivi.

2.13 Le PRESTATAIRE et le CLIENT se réunissent périodiquement dans le cadre de réunions de suivi de l'avancement des prestations, de sorte que chacune des parties soit informée de l'avancement des prestations par rapport au planning, ainsi que des éventuels problèmes rencontrés. Le nombre et les dates de réunions annuelles convenues entre les parties seront indiqués dans les conditions particulières.

2.14 Le PRESTATAIRE participera impérativement aux réunions d'information sécurité du CLIENT « industrie » auxquelles il sera invité.

3. Confidentialité

3.1 Le PRESTATAIRE s'engage, tant en son nom personnel qu'au nom de ses collaborateurs, à garder secrètes les informations qui lui seront divulguées par le CLIENT pour les besoins de l'exécution des présentes, et ce tant pendant la durée du présent contrat qu'après son extinction.

À ce titre, il s'engage :

✓ à ne pas les utiliser à d'autres fins que celles de l'exécution des présentes ;

✓ à limiter la divulgation des informations aux seules personnes en charge de l'exécution des prestations ;

✓ à recueillir de ceux-ci leur engagement de secret.

3.2 Tous les documents papier et informatique du PRESTATAIRE, concernant ce contrat, sont de la propriété du CLIENT. Toute la documentation technique devra être maintenue à jour « Tel Que Construit ».

3.1 Il faut se limiter à l'obligation de secret aux communications écrites portant la mention <<CONFIDENTIEL>>.

Il faut exclure l'obligation de secret dans le cadre de transmission entre sociétés affiliées.

Exclure l'obligation de secret en ce qui concerne les informations divulguées dans le cadre d'une procédure arbitrale ou judiciaire ou administrative telle que inspection du travail, DRIRE, Agence du médicament...

Il faut prévoir pour le prestataire une période courte de l'engagement de confidentialité (5 ans serait le minimum et 10 ans le maximum).

4. Durée du contrat

4 Le présent contrat est conclu pour une période allant de la date de signature du présent contrat au xxxxxxxx.

À l'issue de cette période initiale, ce contrat pourra être renouvelé par périodes consécutives d'un an et pourra être dénoncé avec un préavis de deux (2) mois.

En aucun cas, ce contrat et ses périodes de renouvellement ne pourront dépasser une durée supérieure à quatre ans.

5. Cahier des charges

5 Le PRESTATAIRE reconnaît avoir reçu du CLIENT le cahier des charges et s'engage à le respecter dans son intégralité, et notamment à se conformer rigoureusement aux spécifications, instructions et recommandations de ce cahier des charges.

Le PRESTATAIRE s'interdit de modifier le cahier des charges sans l'accord préalable et écrit du CLIENT.

Le CLIENT aura la faculté d'apporter au cahier des charges, pendant toute la durée du présent contrat toute modification que le CLIENT jugera utile. Dans ce cas, le PRESTATAIRE devra appliquer lesdites modifications dans les plus brefs délais.

Dans l'hypothèse où ces modifications entraîneraient des modifications du prix de la prestation, le PRESTATAIRE devra aviser le CLIENT par écrit dans les vingt (20) jours ouvrés qui suivront la réception de la demande de modification. Les impacts financiers liés à ces modifications seront analysés par les deux parties pour en définir les modalités de prise en charge.

4 La date de début est la date à laquelle la prestation est exécutable. Dans certain cas, il faut préciser l'heure.

Si le contrat ne contient pas de clause résolutoire, la résiliation pour faute de l'une des parties ne peut être prononcée que par un juge.

Si l'une des parties procède à une résiliation du contrat sans respecter les formes ou sans faute établie de l'autre partie, elle engage sa responsabilité et peut être condamnée à payer des dommages-intérêts à la partie adverse pour résiliation abusive ou fautive.

Il faut fixer une date limite pour renégocier le contrat ou changer de partenaire.

6. Prix

6 En contrepartie des prestations fournies, le PRESTATAIRE percevra une rémunération annuelle et forfaitaire de « **Montant** » euros HT (« **montant en toutes lettres** »).

Trois (3) mois avant l'échéance du contrat, le PRESTATAIRE proposera au CLIENT, par écrit, un nouveau prix pour l'année suivante, sur la base du cahier des charges à cette date. Si les parties conviennent d'un accord sur le prix des prestations, le contrat sera renouvelé pour une période d'un an. Si les parties ne trouvent pas un accord sur le prix à la date d'échéance de contrat, il sera automatiquement caduc.

Sans nouvelle proposition de prix trois (3) mois avant l'échéance du contrat de la part du PRESTATAIRE, le CLIENT pourra exiger la reconduction du contrat en cours au même prix convenu pour la période précédente.

Les formules de réactualisation de prix proposées par le PRESTATAIRE pourront servir de base de calcul mais ne pourront en aucun cas être considérées comme contractuelles.

6 | La rémunération aux prix unitaires

Elle est fixée en fonction d'une série de prix unitaires (pièces et MO). Le prix global de la prestation est l'addition des prix unitaires effectuée après réalisation de la prestation ; par exemple, pour les opérations de correctif à valeurs de points, par nombre de prestations en fonction des appels ou des besoins...

Avantages et inconvénients de cette solution :

- ✓ Paiement au fil de l'eau et en fonction des cours et des ristournes possibles
- ✓ Rapidité de mise en œuvre
- ✓ Pas de maîtrise des coûts (on paie les factures)
- ✓ Risque de délit de marchandage
- ✓ Pas d'incitation au progrès
- ✓ Pas de coût prévisionnel.

La rémunération forfaitaire

Elle est fixée de manière forfaitaire, globale et définitive pour l'ensemble des prestations quel qu'en soit le coût réel et quels qu'en soient les aléas encourus, bons ou mauvais, lors de l'exécution du contrat, ceux-ci étant à son bénéfice ou à sa charge.

Le fait que le prix forfaitaire soit accompagné d'une décomposition détaillée n'enlève pas le caractère forfaitaire du prix.

Les prestations de maintenance au forfait doivent être déterminées avec suffisamment de précisions et avec le plus de détails possible sinon le prestataire pourra faire surseoir au forfait.

Avantages et inconvénients de cette solution :

- ✓ Budgétisation prévisionnelle
- ✓ Risque de surcoût/coût réel du fournisseur
- ✓ Incitation au progrès
- ✓ Groupement et étalement des paiements.

Le forfait implique la notion de travaux hors contrat.

7. Résiliation

7 En cas d'inexécution ou de mauvaise exécution par l'une des parties des obligations mises à sa charge par le présent contrat, l'autre partie pourra la mettre en demeure de remédier à l'inexécution par lettre recommandée avec accusé de réception. Faute par la partie défaillante d'avoir remédié à l'infraction dénoncée dans un délai de deux semaines (2) après réception de la mise en demeure, le présent contrat pourra être résilié de plein droit par le CLIENT.

Le présent contrat pourra être résilié par l'une des parties au cas où l'autre partie négligerait de façon grave et répétée de remplir les obligations du contrat et ne prendrait aucune mesure pour remédier à sa défaillance dans un délai de 48 h après réception de la mise en demeure. Le droit de résilier le présent contrat en application du présent article ne pourra être exercé que dans un délai de huit (8) jours à compter de l'événement ouvrant droit à cette résiliation.

© Éditions d'Organisation

Le prestataire aura intérêt à définir ces travaux de façon extensive pour limiter le domaine d'application du contrat. Le client aura de son côté intérêt à faire le contraire.

Points essentiels dans les travaux hors contrat :

✓ L'autorisation écrite préalable du client avant la réalisation des travaux jugés nécessaires par le prestataire

✓ La base de rémunération des travaux hors contrat.

Les formules de réactualisation :

Elles doivent servir de base de négociation. Il n'est pas souhaitable qu'elles soient contractuelles car elles sont toujours revues à la hausse pour le client alors que le prestataire peut faire des rabais (diminution de ses interventions par son retour d'expérience, remplacement de matériel d'origine par du matériel équivalent à un moindre coût...).

Pour la maintenance programmée :

On peut déterminer une partie fixe et une partie variable en fonction du temps d'exploitation de l'équipement.

[7] Les parties doivent pouvoir résilier en cas de manquement répété pour le client si la prestation n'est pas exécutée et, pour le prestataire, si le client ne respecte pas ses obligations telles que le paiement, l'entrave à l'exécution...

Cette clause permet par exemple de ne pas pénaliser l'outil de production du client.

En cas de défaillance du PRESTATAIRE et si le CLIENT retient les services d'une autre entreprise pour exécuter les obligations, le PRESTATAIRE réglera les surcoûts supportés par le CLIENT de ce fait.

Le CLIENT pourra mettre fin au contrat à tout moment sans indemnité, les sommes dues étant arrêtées au jour de la cessation dudit contrat au prorata du travail effectivement réalisé. La résiliation deviendra effective quinze (15) jours après réception par le PRESTATAIRE du courrier de résiliation en recommandé avec accusé de réception.

À la résiliation du contrat, le PRESTATAIRE s'engage à restituer à la société, sans délai, l'ensemble des documents et des dossiers techniques « Tel Que Construit » qui lui ont été remis par le CLIENT dans le cadre de cette prestation.

8. Dommages et intérêts

8 En cas d'inexécution ou de retard dans l'exécution par le PRESTATAIRE, d'une ou plusieurs de ses obligations stipulées dans ce contrat, le CLIENT se réserve le droit de lui demander une compensation sous forme de dommages et intérêts du préjudice qu'il subirait de ce fait. Cette demande ne préjuge en rien de toute décision de résiliation du présent contrat qu'il se réserve également de prendre du même fait.

Le préjudice subi par le CLIENT sera évalué sur la base des éléments suivants :

- ✓ Coûts directs + salaires + charges sociales de la main-d'œuvre immobilisée du fait de cette inexécution + frais spécifiques inhérents à cette immobilisation dûment justifiés.
- ✓ Coûts des matières, semi-produits ou produits finis perdus.
- ✓ Coût de la détérioration de tous appareils, machines et installations.
- ✓ Pénalités de retard et dommages et intérêts dont le CLIENT serait redevable vis-à-vis de ses propres clients du fait de la carence du PRESTATAIRE.
- ✓ Bénéfice sur les ventes manquées par le CLIENT du fait de l'inexécution.
- ✓ Préjudice moral subi par le CLIENT vis-à-vis de ses clients.

Pas de commentaire

9. Assurances

9

Le PRESTATAIRE souscrira et maintiendra en vigueur pendant la période de validité du présent contrat, auprès de compagnies d'assurances notoirement solvables, à tout le moins les assurances suivantes :

- Une police couvrant pour des montants et des garanties suffisantes, les conséquences pécuniaires de la responsabilité civile qu'il encourt à l'égard du CLIENT et des tiers en général. Celle-ci devra s'appliquer aux dommages corporels, matériels et immatériels consécutifs ou non qui pourraient advenir du fait de ses prestations et/ou fournitures.
- Une police couvrant pour des montants et des garanties suffisantes les biens et/ou marchandises appartenant au CLIENT lorsque ceux-ci se trouvent dans ses locaux, pour tout dommage matériel et immatériel, et notamment ceux résultant d'incendie, explosion, dégât des eaux, bris…

Il est entendu que les montants de garantie souscrits par le PRESTATAIRE ne sauraient constituer des limites de responsabilité.

Tous les ans, et de façon inaugurale lors de la signature du présent contrat, le PRESTATAIRE communiquera au CLIENT des attestations émanant des compagnies d'assurances, spécifiant les principales garanties, capitaux et franchises. Il s'engage en outre à informer le CLIENT de toute résiliation qui pourrait survenir en cours d'exercice.

9

✓ Les prestations de maintenance à la charge du prestataire peuvent provoquer des dommages sans commune mesure avec la rémunération versée.

✓ Le prestataire cherchera à limiter ses risques en regard des profits qu'il peut dégager de sa prestation. Il cherchera à limiter sa responsabilité contractuelle à 100 % du montant maximal du contrat.

✓ Le client peut s'assurer contre les risques non couverts par le prestataire.

✓ Le prestataire ne peut jamais limiter ou s'exonérer de sa responsabilité pour les dommages de sa faute intentionnelle (volonté de nuire) ou sa faute lourde (manque au respect des règles de l'art, négligence caractéristique...).

✓ Le prestataire ne peut jamais limiter ou s'exonérer de sa responsabilité pour les dommages corporels.

✓ Les dommages indirects tels que les coûts non prévus pour la réparation, ou une mauvaise réparation qui entraîne des coûts supplémentaires, sont rarement pris en charge par les prestataires.

Rappel

Les coûts immatériels sont les suivants :
✓ les pertes du client
✓ les conséquences financières
✓ les pertes d'exploitation

Les coûts directs :
✓ les pertes de production

10. Force majeure

10 Aucune des parties ne sera tenue pour responsable en cas d'inexécution ou retard d'exécution d'une partie ou de toutes les obligations découlant du présent contrat, dus directement ou indirectement à une cause insurmontable, irrépressible et imprévisible, aux conditions suivantes :

- la partie se trouvant affectée par le cas de force majeure devra en informer immédiatement l'autre partie ;
- si cette impossibilité ou retard d'exécution se poursuit au-delà d'une période de trois (3) mois, l'autre partie pourra résilier le contrat par notification écrite.

11. Stipulations générales

11 L'ensemble des stipulations du présent contrat constitue l'intégralité de l'accord entre les parties eu égard à son objet, et remplace et annule toutes déclarations, négociations, engagements, communications orales ou écrites, acceptations, ententes et accords préalables

10 Les parties sont entièrement libres de définir ce qu'elles entendent comme cas de force majeure. Ce sont des faits de la nature, d'un tiers qui peut être un fournisseur, un sous-traitant, l'autorité publique (faits du prince)...

La force majeure est un événement qui exonère le prestataire de ses obligations. Dans ce cas, le client ne peut pas rechercher la responsabilité du prestataire, car il ne peut pas être considéré comme défaillant.

Voici la nature des événements qui constituent la force majeure :

✓ Totalement étranger au prestataire (hors salarié ou sous-traitant)

✓ Imprévisible au moment où a été signé le contrat

✓ Irrésistible

✓ Insurmontables car l'exécution du contrat est impossible.

Une grève interne n'est pas un cas de force majeure. Mais une grève externe sur les carburants qui paralyse le trafic est un cas de force majeure.

Le prestataire a tout intérêt à ce que la force majeure soit définie le plus largement possible dans le contrat. Pour le client, c'est bien sûr absolument le contraire qui est souhaitable.

L'article 1929

Le dépositaire n'est tenu responsable, en aucun cas, des accidents de force majeure, à moins qu'il n'ait été mis en demeure de restituer la chose déposée.

Principe :

Si une clause n'est pas compréhensible, on demande à ce qu'elle soit annulée.

entre les parties, relatifs aux dispositions auxquelles ce contrat s'applique ou qu'il prévoit.

Il est convenu entre les parties que, pour toute action relative à l'exécution du présent contrat, elles renoncent expressément à se prévaloir, ni maintenant, ni plus tard, de toute clause faisant partie de leurs conditions générales, qui contreviendrait à l'une quelconque des clauses du présent contrat.

En cas de contradiction entre les dispositions du présent contrat et les dispositions des annexes qui y sont jointes, les dispositions du présent contrat prévaudront.

12. Sous-traitance

12 Le PRESTATAIRE s'interdit de sous-traiter tout ou partie des opérations confiées par le CLIENT sauf accord préalable et écrit du CLIENT.

L'octroi de cet accord, le cas échéant, n'exonérera nullement le PRESTATAIRE des obligations contractées à l'égard du CLIENT.

Dans ce cas, le PRESTATAIRE sera seul et intégralement responsable, sans bénéfice de division et/ou de discussion, des opérations que le PRESTATAIRE aura confiées à ses propres sous-traitants.

Le PRESTATAIRE s'interdit toute cession partielle ou totale à un tiers de ses droits et obligations découlant du présent contrat ainsi que toute transmission ou transfert dudit contrat sans l'accord préalable et écrit du CLIENT.

En revanche, le CLIENT sera libre de procéder à toute cession ou transfert, total ou partiel, de ses droits et obligations au titre du présent contrat.

13. Règlement des litiges

13 Tout différend entre les parties relatif à l'existence, la validité, l'interprétation, l'exécution et la résiliation du présent contrat (ou de l'une quelconque de ses clauses), que les parties ne pourraient résoudre entre elles à l'amiable, sera soumis à la juridiction des tribunaux compétents de (« ville » du tribunal le plus proche du CLIENT), soumis au droit français.

12 Le client se protège des interventions de sous-traitance de son prestataire sans accord préalable. C'est important dans les industries sensibles (secret, risque SEVESO, malveillance…).

Néanmoins, le prestataire n'a pas toujours toutes les compétences pour intervenir ; il doit pouvoir sous-traiter mais sous son entière responsabilité.

13 Il peut être prévu un arbitrage par une personne privée dans le contrat ou si les parties décident d'y recourir lors du litige.

Cette solution permet de déboucher sur des solutions de compromis.

Dans le cas où les parties ne trouvent pas de solution amiable, elles pourront saisir le tribunal compétent.

14. Modification du contrat

14 Toute modification du présent contrat cadre devra faire l'objet d'un avenant écrit et signé par les représentants des deux parties. Toute décision prise unilatéralement ou dans le cadre d'un compte rendu de réunion devra être reprise par avenant afin d'être opposable.

Il faut choisir le tribunal compétent dans le contrat pour déterminer le droit que l'on souhaite appliquer aux éventuels litiges, mais aussi le lieu pour éviter des frais de déplacement supplémentaires et il convient de toujours traiter avec la même juridiction. Toutes les affaires pourront être traitées par le même cabinet d'avocats.

14 Un contrat n'existe pas si les deux parties (prestataire et client) ne l'ont pas validé.

B) CONDITIONS PARTICULIÈRES

B1) CONDITIONS PARTICULIÈRES POUR UNE PRESTATION DE SERVICE (MAINTENANCE)

1. Responsabilité

1 Après chaque intervention, [*fonction et métier de l'intervenant*] de la société [*PRESTATAIRE*] fera constater au CLIENT ou à son représentant la remise en fonctionnement des installations et remettra un rapport d'intervention visé par les deux parties.

2. Obligation de résultat

2 Le PRESTATAIRE adressera mensuellement au CLIENT un rapport détaillé au service Méthodes du CLIENT sur les actions traitées sur le mois précédent et les actions prévues pour le mois suivant.

Le PRESTATAIRE fournira la liste des pièces de rechange de première urgence (références, quantités, prix) avec une mise en stock par [*nom de la société du client ou du prestataire*] dans le mois suivant la signature du contrat.

Indicateurs de performance à mettre en place :

✓ MTBF (Temps moyen de bon fonctionnement) = Période de temps considérée/Nombre d'arrêts qui bloquent le bon fonctionnement de l'installation

Exemple :

✓ 1 mois/0 panne = + ∞ (dans ce cas augmenter la période de temps de mesure ; passer à 1 an)

✓ 1 mois/1 panne = 1 ➜ bonne tendance

✓ 1 mois/5 pannes = 0,2

✓ 1 mois / 9 pannes = 0,11 ➜ mauvaise tendance

✓ TRS (Taux de rendement synthétique) = (Temps de bon fonctionnement × 100)/ Temps théorique de fonctionnement

Pour une prestation de service (maintenance)

| 1 | Ce rapport validé par les deux parties permet de transférer les risques ainsi que les responsabilités, et de limiter les éventuels conflits.

✓ Fourniture d'un rapport mensuel (en fonction de la période) pour assurer la traçabilité des actions de maintenance : préventif qui a été fait, actions de préventif à faire le mois suivant et correctif qui a été fait le mois précédent.

✓ Mettre en place des indicateurs de performance avec des pénalités et des bonus en fonction des résultats. L'objectif étant d'obtenir la disponibilité maximale de l'outil de production. La fiabilité à 100 % n'est pas recherchée car, dans ce cas, on fait de la sur-qualité en maintenance, ce qui augmente les coûts de fonctionnement du client. La recherche de la DISPONIBILITÉ à 100 % est suffisante. Il n'est pas interdit de réparer un équipement si la production n'est pas perturbée.

✓ Le prestataire est un professionnel qui a un devoir de conseil ; il doit donc s'engager à informer son client sur la conformité du matériel sous contrat et sur l'évolution de la législation de son métier.

Les indices retenus doivent avoir une relation directe avec les prestations, ou l'activité, ou le bien concerné. Dans le cas contraire, l'indexation est nulle et sans effet.

L'indexation sur le niveau général des salaires est nulle et sans effet.

Exemple :

✓ $(88\ h \times 100)/\ 90\ h =\ 97,77\ \%$ ➜ bonne tendance

✓ $(70\ h \times 100)/\ 90\ h =\ 77,77\ \%$

✓ $(50\ h \times 100)\ /\ 90\ h =\ 55,55\ \%$ ➜ mauvaise tendance

Le PRESTATAIRE s'engage à mentionner dans son rapport que les installations vérifiées sont conformes ou non conformes à la réglementation en vigueur.

Le PRESTATAIRE assurera une permanence sur le site 24 h/24 et 7 j/7. En cas de dysfonctionnement des matériels sous contrat le personnel d'exploitation du CLIENT, il devra prendre les mesures de sécurité appropriée.

Le PRESTATAIRE, pendant toute la durée du contrat, fournira un accès au système de télésurveillance de l'installation sous contrat.

Cette information est importante pour les auditeurs internes (assurance Qualité) et externes (DRIRE, AFSAPSS, inspection du travail, assureurs...). Elle permet au client de se mettre en conformité. Le prestataire a un devoir de conseil sur ce point car c'est lui l'expert dans le domaine qui a été sous-traité.

Dans le cas d'installations suivies à distance par télésurveillance, le prestataire prend l'initiative de l'intervention. Il devra respecter les procédures d'interventions du client.

Dans le cas d'appel téléphonique du client, il est conseillé de confirmer toutes les demandes d'interventions par fax ; le prestataire devra intervenir dans un délai de XXX et devra réparer dans un délai de XXX.

Le prestataire fournira les coordonnées d'appels de son personnel d'astreinte et devra les maintenir à jour. Le client désignera les personnes habilitées à appeler le prestataire selon la procédure qui sera établie.

Cet accès offre au client la possibilité d'avoir des informations sur l'installation sous contrat. Si le client a une GMAO (Gestion de maintenance assistée par ordinateur), il a la possibilité de les obtenir en temps réel.

3. Pénalités et bonus

3.1 Pénalités (malus)

✓ En cas d'interruption du bon fonctionnement de l'installation imputable à un défaut de maintenance pendant plus de 8 h consécutives, le PRESTATAIRE supportera une pénalité égale à 1 % de la rémunération globale annuelle par jour calendaire d'interruption.

✓ Taux de disponibilité de 96 %

✓ Les parties se rencontreront au plus tard un (1) mois après la date anniversaire de l'échéance du contrat pour calculer le taux de disponibilité moyen des équipements pour l'année écoulée.

✓ Le PRESTATAIRE supportera une pénalité égale à 2 % de la rémunération globale annuelle par point de disponibilité en deçà de la valeur garantie.

✓ Le CLIENT paiera un bonus égal à 1 % de la rémunération globale annuelle par point de disponibilité au-dessus de la valeur garantie.

3 Pour inciter le prestataire à être performant, il est conseillé de développer le PARTENARIAT qui incite au progrès. Dans ce cas, il y a lieu de mettre en place des pénalités (malus) qui doivent être assorties obligatoirement d'un bonus.

3.1 Exemple de pénalités à partir de seuils :
- ✓ temps d'arrêts
  Le décompte du temps démarre lorsque le prestataire est avisé par le client, par un moyen défini à l'origine qui peut être un appel téléphonique confirmé par un fax
- ✓ taux de disponibilité ou Taux de Rendement Synthétique (TRS)
  Avec une date de point de départ du contrat

Pour appliquer des pénalités contractuelles :
- ✓ Le client n'a pas à prouver au prestataire qu'il a subi un préjudice.
- ✓ Si le client demande des dommages-intérêts au juge, il doit démontrer :
  - que le prestataire a commis une faute et qu'il n'a pas respecté le contrat ;
  - qu'il a subi un préjudice et que le dommage est une conséquence de l'inexécution du contrat.

Pour appliquer des pénalités forfaitaires :
- ✓ S'il est précisé, dans le contrat, des pénalités forfaitaires alors le client ne pourra pas demander en supplément des dommages-intérêts au juge.

Pénalités libératoires (non conseillé pour une obligation de résultat) :

Dans le contrat s'il est prévu que les pénalités représentent un caractère libératoire, cela signifie qu'en réglant ces pénalités, le prestataire est libéré de toute obligation et n'a plus à exécuter cette obligation.

Dans le cas de pénalités libératoires, il est souhaitable que le montant de la pénalité soit supérieur au préjudice pour avoir un effet dissuasif.

Le montant de la pénalité ne pouvant excéder 10 % du coût du contrat sur la période.

3.2 Bonus

✓ En cas d'amélioration des performances de l'outil de production stipulé dans le présent contrat, le PRESTATAIRE bénéficiera d'un bonus égal à 1 % de la rémunération globale annuelle par point de disponibilité au-delà de la valeur garantie.

4. Remplacement

4 En cas d'inexécution du contrat, sept (7) jours après la réception de la mise en demeure de s'exécuter qui est restée sans effet, le CLIENT sera en droit de faire exécuter par toutes entreprises de son choix les prestations en lieu et place du PRESTATAIRE défaillant aux frais et risques de ce dernier.

© Éditions d'Organisation

S'il n'y a pas de pénalité prévue dans le contrat, le client peut demander des dommages-intérêts mais il doit démontrer que le prestataire a commis une faute et qu'il n'a pas respecté le contrat.

Un litige peut être réglé par un règlement transactionnel qui met fin au problème.

En cas de litige, le juge peut augmenter ou réduire les pénalités s'il estime qu'elles sont excessives ou dérisoires.

✓ Plafonnement de la pénalité car le but est d'obtenir un résultat mais pas de mettre en difficulté le prestataire. Il n'y a pas de norme dans le domaine mais 10 % est un standard. De toute manière, en cas de litige, le juge adaptera une pénalité en fonction des capacités du prestataire.

3.2

✓ Le bonus doit être le reflet des pénalités et dépendre des performances de l'outil de production (disponibilité, fiabilité...).
✓ Le progrès est partagé et la rémunération du prestataire est assise sur une part des résultats (gains de productivité, bénéfices...) grâce aux améliorations dont le prestataire est à l'origine.

Conseil

Dès qu'une défaillance est constatée :
   ✓ Réagir rapidement et mettre en demeure le prestataire par lettre en recommandé avec accusé de réception ou par exploit d'huissier.
   ✓ Faire constater la défaillance par un huissier ou à défaut demander la nomination d'un expert judiciaire.

4

Cela permet de pouvoir assurer la prestation et de régler le litige en parallèle sans être trop pénalisé par la défaillance du prestataire.

5. Travaux hors contrat

5

Les travaux concernant les installations définies dans le présent contrat seront réalisés au tarif horaire préférentiel suivant :

Coût horaire d'intervention

- _____ FRF HT/h
- _____ FRF HT/h
- Coût de déplacement _____ FRF HT/h
- Majoration des heures supplémentaires
  - Heures de nuit 100 %
  - Heures du samedi 50 %
  - Heures du dimanche et jour férié 100 %

Taux de majoration de service rendu pour la fourniture de pièces achetées par le PRESTATAIRE 20 %

Niveau de qualification minimal des techniciens ____

L'ensemble du personnel intervenant sera sous CDI (contrat à durée indéterminée)

Tous les travaux additionnels devront avoir été validés par une autorisation du CLIENT avant la réalisation de travaux jugés utiles par le PRESTATAIRE.

5

✓ Se mettre d'accord sur les coûts horaires pour les travaux hors contrat pour, par exemple, les interventions supplémentaires en correctif, les heures supplémentaires... Si ce point n'est pas négocié lors de l'établissement du contrat, le Client peut avoir des surprises par la suite (surcoût des prestations hors contrat).

Et/ou

✓ Se mettre d'accord sur un barème à points avec un coût du point. Les cotations des points sont établies en fonction de la complexité de l'opération (gammes d'interventions et des pièces fournies par le prestataire).

Exemple

✓ Changement d'un roulement, d'une roue, d'un joint, d'un moteur, d'une pompe, d'un agitateur...

✓ Alignement d'une machine, comparateur, laser...

✓ Fourniture d'une pièce d'origine ou d'une pièce du commerce équivalente.

Le taux de majoration est à négocier ; il comprend le traitement de la commande, le coût du stockage, la recherche de fournisseurs, le coût de livraison...

✓ Fabrication d'un arbre, d'une turbine, d'un corps de pompe...

Pour des raisons de qualité, de sécurité et de confidentialité, le prestataire ne devra pas fournir de personnes qui n'auraient pas un contrat de travail en CDI.

Aucuns travaux ne peuvent être engagés sans l'aval du client.

ATTENTION au délit de marchandage dans la formulation de cet article.

6. Stock stratégique

6 Pour garantir la DISPONIBILITÉ des installations sous contrat, le PRESTATAIRE fournira un stock de pièces stratégiques. Les dates de livraisons devront être fournies au CLIENT dans les deux (2) semaines suivant la date d'entrée en vigueur du contrat.

Une liste (prix, délais, dates d'achats et références) sera fournie au CLIENT dans le mois qui suit la mise en service du contrat.

Le PRESTATAIRE gérera le stock défini pour ne pas être en rupture de stock.

Ce stock sera la propriété du PRESTATAIRE tant qu'il ne sera pas mis en service. Le PRESTATAIRE assurera ce stock.

7. Paiement

7 Coût de la prestation annuelle : « montant de la prestation » FRF HT.

Le versement sera effectué selon les modalités suivantes :

Le paiement de la prestation annuelle s'effectuera par trimestre civil à terme échu par virement bancaire à trente (30) jours fin de mois le 10 après réception des quatre (4) rapports mensuels précédents (les actions réalisées du mois précédent, les actions prévues du mois suivant, les indicateurs de performances et les observations).

Révision des prix

Les prix sont fermes et non révisables pendant chaque période du contrat, et révisés selon les modalités prévues à l'article PRIX.

6 Le prestataire doit fournir des matériels pour assurer le contrat.
Ce peut être :

✓ Un full service complet avec toutes les fournitures nécessaires y compris l'outillage.

✓ Un niveau de fournitures : petites fournitures (visserie, chiffons, graisse…), les pièces d'usures (roulements, turbines, roues…) ; dans ce cas, sont exclus les châssis.

Il convient de mettre en annexe la liste des pièces exclues.

Il est important de connaître le stock stratégique pour évaluer la capacité de dépannage du prestataire, les coûts de facturation des fournitures hors contrat et la valeur de reprise en fin de contrat. La date d'achat permet de connaître la vétusté (ex. : préemption des filtres, joints, soupapes…) du stock ainsi que sa valeur résiduelle.

Définir le transfert de propriété et de risque du stock.

7 Mettre la somme en chiffres et en lettres pour qu'il n'y ait pas d'ambiguïté. La somme indiquée doit spécifier la devise et si c'est hors taxe ou toutes taxes comprises ou autres.

Pour le client, il est souhaitable de payer à terme échu.

Pour le prestataire, c'est évidemment le terme à échoir qu'il essaiera de faire passer.

Attention aux délais courts qui ne pourront être tenus car on s'expose à un prestataire indélicat.

Exemple : paiement à 30 jours fin de mois. Avec le traitement de la facture, les virements bancaires, les 35 h, les RTT…, on a vite dépassé les dates d'échéances.

Si le prestataire n'exécute pas ses obligations contractuelles alors le client est en droit de suspendre l'exécution de ses obligations, telles

8. Réunion

8 Il est prévu que les parties se rencontrent aux dates suivantes : XXXXXX.

9. Procédure d'intervention

9 Le PRESTATAIRE interviendra en fonction des spécifications stipulées au cahier des charges.

10. Exemplaires du contrat

10 Le présent Contrat est signé en deux exemplaires dont chaque partie reconnaît avoir reçu un original.

que le paiement, et sans mise en demeure préalable. Néanmoins, cela doit être fait sous strictes conditions car selon la loi « nul ne peut se faire justice lui-même ». Il faut que l'inexécution soit effective et suffisamment grave de la part du prestataire. Dans le cas de contrats multiples avec le prestataire seul, le contrat correspondant au litige est concerné.

Si une maison mère se porte caution, elle doit s'exécuter à la place de la partie défaillante dont elle est cautionnaire. Le garant peut refuser de payer en invoquant que les sommes ne sont pas dues.

8 | Il est conseillé de faire le point au moins une fois par an lors du renouvellement.

9 | En fonction du type de maintenance (corrective, préventive, prédictive...), du type de service (prestation calendaire, dépannage, exploitation de l'installation...) et du type d'appel (appels téléphoniques du client, tournées du prestataire, télé-surveillance, exploitation de l'installation...), le processus d'intervention sera différent (voir 1re partie du livre : types de maintenance).

10 | Il est conseillé, pour le suivi de la bonne exécution du contrat, de fournir une copie au service technique qui doit connaître le périmètre de la prestation, au service juridique (l'original) et au service financier pour les règlements.

11. Lieu de signature et date

11 Fait à XXXX, en 2 (deux) exemplaires originaux, le   .   .200X

Les signataires

POUR LE PRESTATAIRE   **POUR LE CLIENT**

Nom :   **Nom :**

Fonction :   **Fonction :**

Date :   **Date :**

Signature   **Signature**

11 Le lieu d'établissement permet de déterminer le droit qui sera appliqué si les parties n'ont pas déterminé le tribunal compétent.

La date permet de déterminer la date du transfert de risque et de responsabilité.

Le signataire doit être mandaté par le P-DG ou le propriétaire de la société. Il indique sa fonction et son nom.

Toutes les pages du contrat ainsi que les annexes doivent être parafées.

Toutes les pages seront numérotées.

Dans le cas de contrats de maintenance, il est possible que du matériel sensible soit maintenu en état de fonctionnement chez le prestataire pour un éventuel remplacement chez le client.

C'est le cas par exemple d'un équipement stratégique pour garantir la production du client. Il doit être vérifié, essayé et reconditionné pour être opérationnel à tous moments chez le client, et c'est le prestataire qui a le savoir-faire pour le maintenir à niveau.

B2) CONDITIONS PARTICULIÈRES POUR UNE PRESTATION DE STOCKAGE

1. Responsabilité

1 Après chaque intervention, [*fonction*] et [*métier de l'intervenant*] de la [*société PRESTATAIRE*] fera constater au CLIENT ou à son représentant la remise en état de l'équipement et remettra un rapport d'intervention visé par les deux parties.

2. Obligation de résultat

2

- Le PRESTATAIRE maintiendra en stock, dans des locaux adaptés, un ensemble d'éléments (liste en annexe) adaptés à notre besoin.

- En cas de panne, le PRESTATAIRE s'engage à livrer « (désignation du matériel) » appelé la chose dans la suite du contrat sous une demi-journée au maximum sur appel téléphonique. La chose sera disponible 24 h/24, 7 j/7, avec livraison par le PRESTATAIRE sur le site de [adresse] dans le [nom du bâtiment où sera livré l'élément (ou les...)].

- Le PRESTATAIRE apportera son savoir-faire pour assurer le montage du matériel avec l'assistance des techniciens du CLIENT, dans les règles de l'art, avec obligation de résultat.

- L'emplacement dans lequel sera entreposée « la chose « devra être matériellement constitué pour en permettre le repérage et devra comporter à son entrée, et pendant toute la durée du contrat, une inscription en rappelant la nature et le droit de propriété du CLIENT. Les marchandises doivent être placées dans un local de manière à pouvoir être individualisées à tout moment sans aucun doute possible.

- Le PRESTATAIRE devra établir un état du stock, chaque année, relatant la nomenclature exacte de la marchandise déposée.

Pour une prestation de stockage

1 Cette action permet le transfert de risque et de propriété ainsi que les ouvertures de périodes de garantie. Elle permet aussi de tracer les incidents pour les auditeurs internes tels que l'assurance Qualité ou externe comme la DRIRE, l'AFSAPSS, l'inspecteur du travail, l'Agence de l'eau...

2 Les conditions, chez le prestataire, de stockage doivent être adaptées aux matériels.

Les délais de mise à disposition, les conditions d'appels, les conditions de transports et le lieu de livraison doivent être clairement établis.

Prévoir l'assistance du prestataire qui est l'expert et qui pourra garantir le résultat.

En cas de problème de la société prestataire, le client doit pouvoir récupérer sans ambiguïté les matériels dont il est propriétaire. Ces derniers doivent être placés dans un local de manière à pouvoir être individualisés à tout moment sans aucun doute possible.

Quand la marchandise est stockée plusieurs années (pièces stratégiques à forts délais de livraison), le prestataire doit confirmer au moins

- Tout agent autorisé du CLIENT devra avoir libre accès à tout moment, dans le cadre des heures ouvrables, au dit stock et pourra faire un audit sur les conditions de stockage.

- Le CLIENT est également en droit de vérifier à tout moment tous les documents commerciaux et comptables du dépositaire en rapport avec l'exécution du présent contrat.

- Le PRESTATAIRE s'interdit de modifier de quelque façon que ce soit les marchandises déposées. Spécialement, il s'interdit de modifier ou de retirer tout ou partie des signes distinctifs apposés sur les dites marchandises. Les marchandises devront en toutes circonstances être maintenues dans leurs emballages et boîtes d'origine.

- Le CLIENT se réserve expressément le droit de revendiquer, à tout moment, sans préavis ni mise en demeure, les marchandises déposées au cas de dénonciation du contrat, à quelque moment et pour quelque cause que ce soit.

- Le PRESTATAIRE s'engage à apporter aux marchandises et à leur garde le plus grand soin. Il est tenu, en la matière, d'une obligation de résultat.

3. Garantie

3   La mise en service n'est autre que la mise en production et la vérification de la performance. La vérification de performance fera l'objet d'une QP (qualification de performance).

La garantie est de 12 mois pièces et main-d'œuvre à la date de la mise en service de(s) élément(s) en stock chez le PRESTATAIRE.

la présence de celle-ci pour des raisons fiscales (amortissement d'une marchandise dont le CLIENT est propriétaire).

Le client doit pouvoir faire un audit à tout moment sur l'équipement dont il est propriétaire.

Le matériel doit pouvoir être mis en service à tout moment en lieu et place du matériel défectueux. S'il est modifié sans accord du client, il peut ne pas remplir sa fonction. La production du client peut être bloquée.

Le matériel stocké chez le fournisseur étant propriété du client, il peut à tout moment être récupéré par celui-ci en cas de dénonciation de contrat. Il peut être repris et déposé chez un concurrent du prestataire.

Le client ayant stocké son matériel chez un prestataire, il doit en attendre le résultat escompté. Le prestataire s'engage à une obligation de résultat.

L'article 1915 :
Le dépôt est, en général, un acte par lequel on reçoit une chose d'autrui, à charge pour nous de la garder et de la restituer en nature.

3 La date de mise en service doit être précisée ou déterminable pour éviter les litiges de garantie.

Cette clause (appelée aussi garantie mécanique) garantit les modalités qui seront appliquées par le prestataire pour les pièces de rechange et les prestations.

4. Documentation

4

- Conforme à la législation et à la norme NF X 60-200 concernant la documentation technique à remettre aux utilisateurs de biens durables à usage industriel et professionnel.

Pour les matériels, la loi française prévoit l'application d'une *garantie implicite* des vices cachés (articles 1641 à 1649 du code civil) dans le cadre de tout contrat de vente. Il est important de déterminer la juridiction compétente (le droit français est supérieur dans ce domaine), sinon c'est le droit du vendeur qui s'applique. Elle n'a pas besoin d'être exprimée dans le contrat. En revanche, cela n'existe pas dans un contrat de prestations de service tel qu'un contrat de maintenance.

La garantie ne peut s'appliquer qu'à la vente d'un matériel.

Néanmoins, la garantie sur les vices cachés est très difficile à prouver.

Il faut que le client apporte la preuve que :

✓ Le vice était antérieur à la livraison du matériel.

✓ Le matériel est impropre à l'usage auquel il le destinait.

Il faut agir dans les délais les plus brefs à l'encontre du prestataire, ce à partir du moment où le client a connaissance du vice.

Pour les tolérances hors norme et les erreurs de matière, il ne peut être question de vice caché mais de non-conformité.

Le vendeur peut limiter ou exclure la garantie des vices cachés dans son contrat à la seule condition expresse que le client et le vendeur soient des professionnels de même spécialité.

4

Ces documents sont importants pour assurer la pérennité de l'installation par la maintenance et les futures éventuelles améliorations à y porter.

Elle correspond, au minimum, à toutes les instructions nécessaires à l'usage, et à la maintenance (électrique, électronique, pneumatique et mécanique) des matériels et équipements compris dans la prestation, ainsi que toutes les instructions et recommandations de conduites de tous les matériels.

À titre d'exemple, on doit pouvoir trouver :

• Plans d'implantation dans le local (voir croquis d'implantation ci-joint).

- Deux exemplaires papier au format A4 et graphisme noir en langue française.

- Un exemplaire sur CD-ROM au format autocad et Windows NT du CLIENT.

- Les certificats « matière » des pièces en contact avec nos produits.

- Les schémas électriques, pneumatiques, régulations...
- PID (schéma du process), UID (schéma des utilités)...
- Attestation Qualité Matière des éléments (inox, joints, filtres...).
- Liste de toutes les pièces détachées avec repérage.
- Liste des pièces de première urgence (références, prix, délai).
- Documentations des sous-ensembles capteurs et actionneurs tels que : moteurs, variateurs, régulateurs, cellules.
- Précautions d'usages pour transferts ultérieurs (élagage, colisage, calage des sous ensembles).
- Plan de maintenance, opérations et fréquences.
- Certificats d'étalonnages de tous les instruments de contrôles, délivrés par un organisme européen agréé.
- Conformité avec la législation française et les directives européennes en vigueur (électrique, équipements à pression, levage, transport...).
- Conformité CE, ATEX (ADF), perturbation électromagnétique...

Elle est obligatoirement et *intégralement* rédigée en langue française.

Les plans et schémas devront être présentés sur support informatique (format AUTOCAD LT et Windows NT) pour être transposables dans une éventuelle ou future GMAO.

Pour les auditeurs internes ou externes, le client doit pouvoir fournir les attestations qualité Matière des éléments (inox, joints, filtres...).

Nota

À tout moment, le client doit être en mesure de fournir la documentation aux auditeurs internes tels que l'assurance Qualité ou externes comme la DRIRE, l'AFSAPSS, l'inspecteur du travail, l'Agence de l'eau...

5. Pénalités

5

✓ En cas d'interruption du bon fonctionnement de l'installation imputable à un défaut de prestation pendant plus de 8 h consécutives, le PRESTATAIRE supportera une pénalité égale à 5 % du coût de l'investissement par jour calendaire d'interruption.

✓ Taux de disponibilité de 96 %

5

Pour inciter le prestataire à être performant, il est conseiller de développer le PARTENARIAT qui incite au progrès. Dans ce cas, il y a lieu de mettre en place des pénalités.

Exemple de pénalités à partir de seuils :

✓ temps d'arrêts

Le décompte du temps démarre lorsque le prestataire en est avisé par le client, par un moyen défini à l'origine qui peut être un appel téléphonique confirmé par un fax.

✓ taux de disponibilité

Avec une date de point de départ du contrat.

Pour appliquer des pénalités contractuelles :

✓ Le client n'a pas à prouver au prestataire qu'il a subi un préjudice.

✓ Si le client demande des dommages-intérêts au juge, il doit démontrer :

– que le prestataire a commis une faute et qu'il n'a pas respecté le contrat ;

– qu'il a subi un préjudice et que le dommage est une conséquence de l'inexécution du contrat.

Pour appliquer des pénalités forfaitaires :

✓ S'il est précisé, dans le contrat, des pénalités forfaitaires alors le client ne pourra pas demander en supplément des dommages-intérêts au juge.

Pénalités libératoires (non conseillé pour une obligation de résultat) :

Dans le contrat, s'il est prévu que les pénalités représentent un caractère libératoire, cela signifie qu'en réglant ces pénalités, le prestataire est libéré de toute obligation et n'a plus à exécuter cette obligation.

Dans le cas de pénalités libératoires, il est souhaitable que le montant de la pénalité soit supérieur au préjudice pour avoir un effet dissuasif.

6. Remplacement

6 En cas d'inexécution du contrat, sept (7) jours après la réception de la mise en demeure de s'exécuter qui est restée sans effet, le CLIENT sera en droit de faire exécuter par tout FOURNISSEUR de son choix les prestations en lieu et place du PRESTATAIRE défaillant aux frais et risques de ce dernier.

7. Travaux hors contrat

7

Les travaux concernant les installations définies dans le présent contrat seront réalisés au tarif horaire préférentiel suivant :

Coût horaire d'intervention

– _____ FRF HT/h

– _____ FRF HT/h

– Coût de déplacement _____ FRF HT/h

– Majoration des heures supplémentaires

S'il n'y a pas de pénalité prévue dans le contrat, le client peut demander des dommages-intérêts mais il doit démontrer que le prestataire a commis une faute et qu'il n'a pas respecté le contrat.

Un litige peut être réglé par un règlement transactionnel qui met fin au problème.

En cas de litige, le juge peut augmenter ou réduire les pénalités s'il estime qu'elles sont excessives ou dérisoires.

Conseil

Dès qu'une défaillance est constatée :
- ✓ Réagir rapidement et mettre en demeure le prestataire par lettre en recommandé avec accusé de réception ou par exploit d'huissier.
- ✓ Faire constater la défaillance par un huissier ou à défaut demander la nomination d'un expert judiciaire.

6 Cela permet d'assurer la prestation et de régler le litige en parallèle sans subir la situation causée par le prestataire défaillant.

7

- ✓ Se mettre d'accord sur les coûts horaires pour les travaux hors contrat pour, par exemple, les interventions supplémentaires en correctif, les heures supplémentaires... Si ce point n'est pas négocié lors du contrat, le client peut avoir des surprises par la suite (surcoût des prestations hors contrat).

Et/ou

- ✓ Se mettre d'accord sur un barème à points avec un coût du point. Les cotations des points sont établies en fonction de la complexité

- Heures de nuit   100 %
- Heures de samedi   50 %
- Heures de dimanche et jour férié   100 %

Taux de majoration de service rendu pour la fourniture de pièces achetées par le PRESTATAIRE 20 %

Niveau de qualification minimal des techniciens ____

Tous les travaux additionnels devront avoir été validés par une l'autorisation du CLIENT avant la réalisation de travaux jugés utiles par le PRESTATAIRE.

8. Paiement

8

- Coût du matériel, du stockage et de l'assistance : [montant de la prestation] FRF HT.

- 15 % à la commande trente (30) jours le 10 du mois suivant.
- 65 % le 10 du mois suivant après la réception du matériel dans vos locaux de [adresse du PRESTATAIRE] et la réception des documents avec transfert de propriété exclusif du CLIENT lors du règlement.
- 20 % du montant global de la commande seront liés à la fourniture des documents par le fournisseur.

de l'opération (gammes d'interventions et des pièces fournies par le prestataire).

Exemple :

✓ Changement d'un roulement, d'une roue, d'un joint, d'un moteur, d'une pompe, d'un agitateur...

✓ Alignement d'une machine, comparateur, laser...

✓ Fourniture d'une pièce d'origine ou d'une pièce du commerce équivalente.

Le taux de majoration est à négocier ; il comprend le traitement de la commande, le coût du stockage, la recherche de fournisseurs, le coût de livraison...

✓ Fabrication d'un arbre, d'une turbine, d'un corps de pompe...

Pour des raisons de qualité, de sécurité et de confidentialité, le prestataire ne devra pas fournir de personne n'étant pas en CDI.

Aucuns travaux ne peuvent être engagés sans l'aval du client.

ATTENTION au délit de marchandage dans la formulation de cet article.

8

Mettre la somme en chiffres et en lettres pour qu'il n'y ait pas d'ambiguïté. La somme indiquée doit spécifier la devise et elle doit être comprise hors taxe ou toutes taxes comprises ou autres.

Indiquer les conditions de paiements.

- 20 % à la fourniture des documents permet de les obtenir. En général, si la somme est trop faible, le client les obtient avec difficultés.

En cas de tentative de saisie de la marchandise ou autre mesure conservatoire ou d'exécution d'un tiers, à quelque titre que ce soit, le PRESTATAIRE doit en aviser immédiatement le CLIENT, élever toutes protestations et prendre toutes les mesures pour faire reconnaître le droit de propriété du CLIENT. En cas de cession ou de garantie donnée sur tout ou partie de ses actifs, le PRESTATAIRE doit prendre toutes dispositions nécessaires pour que les marchandises ne soient pas comprises dans la cession ou la garantie, et pour que le droit de propriété du CLIENT sur lesdites marchandises soit porté en temps utile à la connaissance du cessionnaire ou du créancier.

Révision des prix

Les prix sont fermes et non révisables pendant chaque période du contrat, et révisés selon les modalités prévues à l'article « PRIX ».

Pour le client, il est souhaitable de payer à terme échu.

Pour le prestataire, c'est évidemment le terme à échoir qu'il essaiera de faire passer.

Attention aux délais courts qui ne pourront être tenus car on s'expose à quelque indélicatesse du prestataire.

Exemple : paiement à 30 jours fin de mois. Avec le traitement de la facture, les virements bancaires, les 35 h, les RTT..., on a vite dépassé les dates d'échéances.

Si le prestataire n'exécute pas ses obligations contractuelles alors le client est en droit de suspendre l'exécution de ses obligations telles que le paiement, et sans mise en demeure préalable. Néanmoins, cela doit être fait sous de strictes conditions car selon la loi « nul ne peut se faire justice lui-même ». Il faut que l'inexécution soit effective et suffisamment grave de la part du prestataire. Dans le cas de contrats multiples avec le prestataire, seul le contrat correspondant au litige est concerné.

Si une maison mère se porte caution, elle doit s'exécuter à la place de la partie défaillante dont elle est cautionnaire. Le garant peut refuser de payer en invoquant que les sommes ne sont pas dues.

- En cas de difficulté financière du prestataire et tentative de saisie sur ses actifs, le client doit être informé pour récupérer le matériel dont il est propriétaire.

9. Transfert de propriété

9

Le transfert de propriété aura lieu dès que le matériel prévu au contrat sera visible à l'endroit prévu pour son stockage.

Les risques liés au stockage jusqu'au lieu de livraison futur des matériels sont à la charge du PRESTATAIRE.

9

- Le client et le prestataire sont entièrement libres du choix de la date du transfert de propriété et de risque du matériel conformément à l'article 1168 du code civil.

- Si cela n'est pas précisé dans le contrat, le transfert de propriété d'un matériel intervient dès que le client et le prestataire sont d'accord sur la chose et le prix ; peu importe que la chose soit livrée ou que le pris soit payé. Dans le cas d'un matériel à fabriquer, le transfert a lieu dès que la chose est en mesure d'être livrée même si elle n'a pas été effectivement livrée.

- Si, et seulement si, le contrat contient une clause de réserve de propriété, le prestataire reste propriétaire de la chose, même livrée et installée, jusqu'au paiement complet du prix du matériel par le client.

- La référence à un incoterm ne solutionne pas le transfert de propriété.

- Le transfert de propriété implique que le prestataire n'a plus de droit sur le matériel concerné (il ne peut plus le reprendre, l'utiliser pour lui-même et le revendre sauf autorisation du client).

- Le transfert de propriété conformément à l'article 1138 du code civil implique le transfert de risque sauf si le client et le prestataire en sont convenus autrement. Les risques d'une chose sont ceux qui sont susceptibles d'entraîner sa détérioration ou sa perte.

- Le transfert des risques peut être dissocié du transfert de propriété.

- Le client et le prestataire sont libres de déterminer à quel moment le transfert des risques intervient.

Si le contrat ne contient pas une clause de réserve de transfert de risque alors le transfert de propriété et des risques interviendra au même moment.

10. Assurances

10 Le PRESTATAIRE devra assurer le matériel conformément à l'article « Assurances ».

11. Audit

11 Le CLIENT est en droit de vérifier à tout moment le stockage de(s) élément(s), tous les documents commerciaux et comptables du dépositaire en rapport avec l'exécution du présent contrat.

Dans le cas de révision régulière ou de reconditionnement de l'élément (ou des) chez le PRESTATAIRE à des périodes définies par le PRESTATAIRE, le CLIENT devra être informé pour pouvoir vérifier que l'opération a bien été réalisée.

12. Conditions de résiliation

12 À l'expiration du présent contrat, à quelque moment et pour quelque cause qu'elle intervienne, serait-ce par anticipation, le PRESTATAIRE s'engage :
- Soit à restituer immédiatement à ses frais, risques et périls au CLIENT l'ensemble des marchandises en dépôt ainsi que la documentation associée, en application expresse de l'article 1915 du Code civil français et alors même que les comptes existant entre les parties contractantes n'auraient pas été définitivement arrêtés.
- Soit à payer le stock en consignation, correspondant à l'inventaire exact, et à la valeur tarifaire du moment.

Cette restitution se fera aux lieux indiqués en temps utiles par le CLIENT.

Le PRESTATAIRE sera tenu de réparer tout préjudice subi par le CLIENT du fait de la non-restitution de tout ou partie des marchandises qui devront être en parfait état, les parties entendant déroger expressément à l'article 1929 du Code civil français.

11 Possibilité d'auditer le prestataire et de vérifier les conditions de stockage ainsi que l'état du matériel stocké.

Possibilité de vérifier l'exécution des prestations prévues conformément au contrat (pièces changées, mesures, usinages, réemballage, manutention...)

12 Conditions de restitution des matériels stockés chez le prestataire en fin de contrat.

13. Exemplaires du contrat

13 Le présent contrat est signé en deux exemplaires dont chaque partie reconnaît avoir reçu un original.

14. Lieu de signature et date

14 Fait à XXXX, en 2 (deux) exemplaires originaux, le   .   .200X

Les signataires

POUR LE PRESTATAIRE   **POUR LE CLIENT**

Nom :   **Nom :**

Fonction :   **Fonction :**

Date :   **Date :**

Signature   **Signature**

Pas de commentaire

Descriptif de la chose

Listing de(s) élément(s) mis en stock avec leurs caractéristiques techniques

Exemple 1 : boîtier : HSSMR5S2 – D3/400 – KB4.1 – A1 (suivant plan ci-joint)

Matière : **Q2Q2K12/M5GM – Q2Q2K12/M5GG**

Côté produit :	Grain Q2	Carbure de silicium
	Contre grain Q2	Carbure de silicium
	Étanchéité secondaire K12/M5	Kalrez 1091/Viton avec enveloppe FEP
Côté atmosphère :	Grain Q2	Carbure de silicium
	Contre grain Q2	Carbure de silicium
	Étanchéité secondaire K12/M5	Kalrez 1091/Viton avec enveloppe FEP
Autres pièces :	Ressorts G : Acier CrNiMo	
Pièces en contact avec le produit repère M :	Hastelloy 2.4610	C4 : NiMo16Cr16Ti

Exemple 2 : Descriptif de la turbine à gaz Snecma Electric LW 2500+

N° de série	FBTTX 3255	
Puissance	29 000 kW	29 000 KW
Consommation	205 g/kWh	244 g/kWh
Vitesse de rotation de la turbine de puissance	3950 tr/mn	
Poids	14 000 kg	
Système de démarrage	Pneumatique ou hydraulique d'une puissance de 130 kW	

Photo de la turbine gaz LW 2500
Vue turbine à gaz LM2500
Centre de formation General Electric
Springdale-Cincinnati-Ohio-USA Oct 99

Schéma descriptif

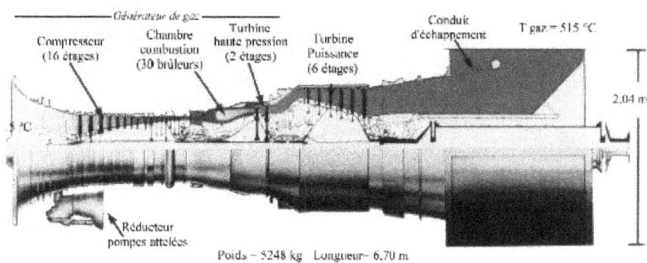

Générateur de gaz

Compresseur (16 étages) — Chambre combustion (30 brûleurs) — Turbine haute pression (2 étages) — Turbine Puissance (6 étages) — Conduit d'échappement — T gaz = 515 °C — 2,04 m

Réducteur pompes attelées

Poids – 5248 kg   Longueur– 6,70 m

Plan module marine et dimensions

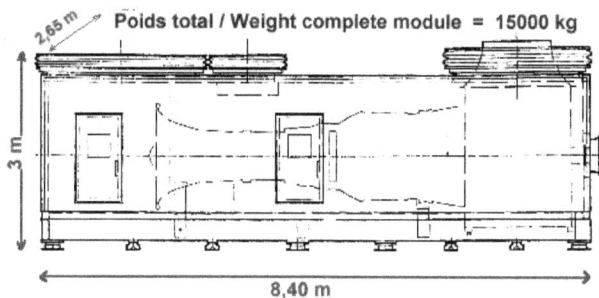

2,65 m

Poids total / Weight complete module = 15000 kg

3 m

8,40 m

Troisième partie

Les textes de référence

Principaux textes de droit international privé et de droit européen des affaires

Droit international privé	Droit européen de la concurrence	Arbitrage international

Bibliographe et sites web pertinents

I. Textes concernant le droit international privé

Règlement n° 44/2001 du Conseil du 22 décembre 2000 concernant la **compétence judiciaire, la reconnaissance et l'exécution des décisions en matière civile et commerciale**.
Convention de Bruxelles du 27 septembre 1968 sur la **compétence judiciaire, la reconnaissance et l'exécution des décisions** en matière civile et commerciale.
Convention des Nations unies sur les **contrats de vente internationale de marchandises** conclue à Vienne le 11 avril 1980.
Convention de Rome du 19 juin 1980 sur la **loi applicable aux obligations contractuelles**.
Convention sur la loi applicable aux **ventes à caractère international d'objets mobiliers** corporels du 15 juin 1955.
Convention sur la loi applicable à la **responsabilité du fait des produits** du 2 octobre 1973.

Convention sur la loi applicable aux **contrats d'intermédiaires et à la représentation** du 14 mars 1978.

Convention sur la loi applicable aux **contrats de vente internationale de marchandise** du 22 décembre 1986.

Règlement (CE) n° 1346/2000 du Conseil du 29 mai 2000 relatif aux **procédures d'insolvabilité**.

II. Textes concernant le droit européen de la concurrence

1. Textes en matière d'ententes et d'abus de position dominante

Règlement (CEE) n° 17, **Premier règlement d'application des articles 85 et 86** du traité.

Règlement (CE) n° 2658/2000 de la Commission du 29 novembre 2000 concernant l'application de l'article 81 § 3 du traité à des **catégories d'accords de spécialisation**.

Règlement (CE) n° 2659/2000 de la Commission du 29 novembre 2000 concernant l'application de l'article 81 § 3 du traité à des **catégories d'accords de recherche et de développement**.

Règlement (CE) n° 240/96 de la Commission, du 31 janvier 1996, concernant l'application de l'article 85 § 3 du traité à des **catégories d'accords de transfert de technologie**.

Règlement (CE) n° 2790/1999 de la Commission du 22 décembre 1999 concernant l'application de l'article 81, § 3, du traité à des **catégories d'accords verticaux et de pratiques concertées**.

Règlement (CE) n° 2842/98 de la Commission du 22 décembre 1998 relatif à **l'audition dans certaines procédures fondées sur les articles 85 et 86 du traité CE**.

Règlement (CE) n° 3385/94 de la Commission du 21 décembre 1994 concernant la forme, la **teneur et les autres modalités des demandes et notifications** présentées en application du règlement n° 17 du Conseil.

Communication de la Commission concernant les **accords d'importance mineure**.

Communication de la Commission sur la **définition du marché en cause** aux fins du droit communautaire de la concurrence.

Lignes directrices pour le **calcul des amendes** infligées en application de l'article 15 § 2 du règlement n° 17 et de l'article 65 § 5 du traité CECA.

Communication de la Commission relative à la **coopération entre la Commission et les autorités de concurrence des États** membres pour le traitement d'affaires relevant des articles 85 et 86 du traité CE.

Communication de la Commission sur l'**immunité d'amendes et la réduction de leur montant** dans les affaires portant sur des ententes.

Lignes directrices sur l'applicabilité de l'article 81 du traité CE aux **accords de coopération horizontale.**

Lignes directrices sur les **restrictions verticales.**

Communication de la Commission relative à la **coopération entre la Commission et les juridictions nationales.**

Règlement de la Commission concernant l'application de l'article 81, paragraphe 3, du traité à des **catégories d'accords verticaux et de pratiques concertées dans le secteur automobile.**

2. Textes en matière de concentrations

Règlement (CEE) n° 4064/89 du Conseil du 21 décembre 1989 relatif au **contrôle des opérations de concentration** entre entreprises.

Règlement (CE) n° 447/98 de la Commission du 1er mars 1998 relatif aux **notifications, aux délais et aux auditions** prévus par le règlement (CEE) n° 4064/89 du Conseil.

Communication de la Commission relative à une **procédure simplifiée de traitement de certaines opérations de concentration** en application du règlement (CEE) n° 4064/89 du Conseil.

Communication de la Commission sur le **calcul du chiffre d'affaires** conformément au règlement (CEE) n° 4064/89 du Conseil.

Communication de la Commission relative au rapprochement en matière de procédures dans le traitement des concentrations dans le cadre des **traités CECA et CE.**

Communication de la Commission relative à la **notion d'entreprises communes de plein exercice** au sens du règlement (CEE) n° 4064/89 du Conseil.

Communication de la Commission sur la **notion d'entreprises concernées** au sens du règlement n° 4064/89 du Conseil.

Communication de la Commission concernant les **mesures correctives** recevables conformément au règlement (CEE) n° 4064/89 du Conseil et au règlement (CE) n° 447/98 de la Commission.

Communication de la Commission concernant la **notion de concentration** au sens du règlement (CEE) n° 4064/89 du Conseil.

Communication sur les restrictions accessoires aux opérations de concentrations.

3. Textes concernant les interventions étatiques

Règlement (CE) n° 68/2001 de la Commission du 12 janvier 2001 concernant l'application des articles 87 et 88 du traité CE aux **aides à la formation.**

Règlement (CE) n° 69/2001 de la Commission du 12 janvier 2001 concernant l'application des articles 87 et 88 du traité CE aux **aides de minimis$$$.**

Règlement (CE) n° 70/2001 de la Commission du 12 janvier 2001 concernant l'application des articles 87 et 88 du traité CE aux **aides d'État en faveur des petites et moyennes entreprises.**

III. Textes concernant l'arbitrage international

Règlement d'**arbitrage du CIRDI.**

Convention pour la **reconnaissance et l'exécution des sentences arbitrales étrangères**, New York, 1958.

Loi type de la CNUDCI sur l'**arbitrage commercial international.**

Convention européenne sur l'**arbitrage commercial international et arrangement relatif à son application.**

BIBLIOGRAPHE ET SITES WEB PERTINENTS

Bibliographie générale des cours de droit international et de droit communautaire

I. Droit communautaire

1. Ouvrages généraux

- BOULOUIS J. Droit institutionnel des Communautés européennes, Domat, Montchrestien 6e ed. 1997.
- CARTOU L. L'union européenne, Dalloz 2e ed. 1996.
- CONSTANTINHO P. et DONY M. Le droit communautaire, Armand Colin Paris 1995.
- CORRUBLE P. Droit européen des affaires, Dunod 1998.
- DUBOUIS L. et BLUMAN C. Droit communautaire matériel, Montchrestien 1999.
- DUTHEIL de la ROCHERE J. Introduction au droit de l'Union européenne, Hachette 2e ed. 1998.
- DRUESNE G. Droit et politiques de la communauté et de l'Union européennes, PUF 5e ed. 1998.
- FALLON M. Droit matériel général des Communautés européennes, LGDJ/ Bruylant Academia 1997.
- FAVRET J.M. Droit et pratique de l'Union européenne, Gualino 1996.
- GAUTRON J.C. Droit européen, Mémento Dalloz 10e ed. 2002.
- GAVALDA C. et PARLEANI G., Traité de droit communautaire des affaires, Litec 2e édition 1992.
- GAVALDA C. et PARLEANI G. Droit des affaires de l'Union européenne, Litec, 3e ed. 1999.
- GOLDMAN B. LYON-CAEN A. , VOGEL L., Droit commercial européen, Dalloz, 5e éd., 1994.
- ISAAC G et BLANQUET M. Droit communautaire général, Masson 8e ed. 2001.
- LE MIRE P. Droit de l'Union européenne et politiques communes : libre circulation, concurrence, harmonisation, politiques communes, Dalloz 1998.
- MANIN P. Les Communautés européennes. L'Union européenne, Pédone 3e ed 1997.
- MOLINIER J. Droit du marché intérieur européen, LGDJ 1995.
- MOLINIER J. Droit du contentieux européen, LGDJ 1996.
- PERUZZETTO S. et LUBY M. Le droit communautaire appliqué à l'entreprise, Dalloz 1998.
- PIZZIO, LAMBERT, de la VILLEON. Droit du marché, Dalloz 1993.

- De ROUX et VOILLEMOT. Droit de la concurrence de la CEE, 4e éd. 1982.
- RIDEAU J. Droit institutionnel de l'Union et des Communautés européennes, LGDJ 3e éd. 1999.
- SCHAPIRA J. , LE TALLEC G. , BLAISE J.B., IDOT L. Droit européen des affaires, PUF, 2 volumes, PUF Thémis 5e ed. 1999.
- SOUTY F. Le droit de la concurrence de l'Union européenne, Montchrestien 2e ed 1999.
- VAN BAEL et BELLIS. Competition law in the EEC, CCH Éditions Limited 1987.
- VERHOEVEN J. Droit de Communauté européenne, Bruxelles Larcier 1996.
- VOGEL L. Et J. Le droit européen des affaires, Dalloz, connaissance du droit, 2e ed 1994.

Autres :

- DUBOUIS L. , GUEYDAN C. Grands textes de droit communautaire, 4e ed 1996.
- BOULOUIS J. CHEVALLIER R. M. Grands arrêts de la Cour de Justice des Communautés européennes, 2 tomes Dalloz 6e ed et 4e ed. 1994 et 1997.

2. Encyclopédies et dictionnaires

- Dictionnaire du marché commun puis Joly Communautaire.
- Dictionnaire permanent, Droit Européen des affaires.
- Jupiter, Marché commun.
- Jurisclasseur Europe.
- Mémento Francis Lefebvre, Commerce et distribution, 1990.
- Répertoire Dalloz, droit communautaire.
- BARAV A. et PHILIP C. Dictionnaire juridique des Communautés européennes PUF 1993.

3. Revues

3.1. Revues spécialisées

- Annuaire Européen, La Haye.
- Annuaire de Droit international public, Paris.
- Bulletin des Communautés européennes, CECA, CEE, CEEA.
- Cahiers de droit européen, Larcier.
- Common market law reports.
- Common Law Market Review, Londres.
- Droit et pratique du commerce international, Masson.
- Europe, Éditions techniques.
- Europäisches Recht, München, Beck.
- Gazette du palais européenne.
- Journal de droit international (Clunet).

- Journal des tribunaux- droit européen Larcier.
- Journal officiel des communautés européennes (JOCE).
- Journal officiel de la CECA (JOCECA).
- Rapport annuel de la Commission pour la politique de la concurrence.
- Rapport général de la Commission sur l'activité des Communautés.
- Recueil de la jurisprudence de la C.J.C.E.
- Revue trimestrielle de droit européen, Sirey.
- Revue critique de droit international privé, Sirey.
- Revue des affaires européennes, Gent Mys & Breesch.
- Revue du marché commun et de l'Union européenne, Éditions Techniques et économiques.
- Revue du Marché unique européen Clément Juglar.
- Rivista didiritto europeo.

3.2. Autres revues

- Dalloz.
- Semaine juridique Édition Entreprise.
- Gazette du Palais.
- Les petites affiches.

4. Codes

- Code de procédures communautaires J. RIDEAU et X. PICOD Litec 1995.
- Code de droit social européen B. TEYSSIE Litec 2e ed. 1994.
- Code européen de la concurrence R. KOVAR Dalloz 2e ed. 1996.
- Code européen des affaires L. VOGEL Dalloz 1995.
- Code européen des personnes G. DRUESNE Dalloz 2e ed. 1996.

II. Droit du commerce international

1. Ouvrages généraux

1.1. Droit

- AUDIT B., La vente internationale des marchandises, LGDJ 1990.
- CHATILLON S. Droit des affaires internationales, Vuibert 1994.
- DERAINS et GHESTAIN La convention de Vienne sur la vente internationale et les incoterms, LGDJ 90.
- DAVID R., Le droit du commerce international, Economica 1987.
- DUBISSON Les accords de coopération et le commerce international LAMY 1989.
- DELACOLLETTE J., les contrats de commerce internationaux, De Boeck 88.
- EISEMANN, BONTOUX, ROWE Le crédit documentaire, JUPITER 1985.
- GOURION P.A., PEYRARD G. Droit du commerce international LGDJ 1994.

- JACQUET J.M. et DELEBECQUE P. Droit du commerce international, Dalloz 2e ed. 2000.
- JADAUT B. , PLAISANT R., Droit du commerce international, Dalloz 1998.
- LOUSSOUARN et BREDIN Droit du commerce international, Sirey 1969.
- MOUSSERON J.M., FABRE R., RAYNARD J., PIERRE J.L., Droit du commerce international, Litec 2e ed. 2000.
- OPPETIT B. Droit du commerce international, Paris PUF 1977.
- SCHAPIRA Le droit international des affaires Paris PUF 1972.
- SCHMITTHOFF The law and practice of international trade, STEVENS 1986.

1.2. Sur l'opération d'exportation

- Audit export, Ravalec Jupiter 1986.
- GRAUMANN S., guide pratique du commerce international, Litec me édition 1997, CFCE.

2. Encyclopédies

- Encyclopédie juridique Dalloz, répertoire de droit international.
- Jurisclasseur international.
- Lamy, contrats internationaux (direction H. LESGUILLONS).
- Dossiers internationaux, Francis Lefebvre.

3. Revues

3.1. Revues spécialisées

- Droit et pratique du commerce international, Masson.
- Revue de l'arbitrage, Librairies techniques.

3.2. Autres revues

- Dalloz.
- Semaine juridique Édition Entreprise.
- Gazette du Palais.
- Les petites affiches.

4. Publications de la CCI

III. Droit international privé

Ouvrages récents

- B. AUDIT Droit international privé Economica 3e ed. 2000.
- H. BATIFFOL et P. LAGARDE droit international privé, LGDJ Tome 1 8e édition 1993.

- J. DERUPPE droit international privé, Dalloz mémento, 13e édition 1999.
- D. GUTMAN droit international privé, Dalloz, cours, 2e édition, 2000.
- D. HOLLEAUX, J. FOYER, G. DE GEOUFFRE DE LA PRADELLE, droit international privé, Masson 1987.
- Y. LOUSSARN et P. BOUREL droit international privé, Dalloz, 7e édition 2001.
- P. MAYER, P. HEUZE droit international privé, Montchrestien, 6e édition 1998.
- H. MUIR-WATT Les effets en France des décisions étrangères, LITEC 1990.
- M. REVILLARD droit international privé et pratique notariale, Rep. Defrenois 1999.

Ouvrages anciens

- P. ARMINJON précis de droit international privé Dalloz, I 3e édition 1957-58, II 2e édition 1952.
- BARTIN Principes de droit international privé selon la loi et la jurisprudence française, 3 volumes Domat Montchrestien 1930, 1932, 1935.
- J.P. NIBOYET Traité de droit international privé, 7 volumes Sirey.
- A. PILLET Traité pratique de droit international privé 2 volumes Sirey 1923-1924.
- F.C. von SAVIGNY Traité de droit romain tome VIII traduction Guénoux ed. Didot 1851.
- A. WEISS traité théorique et pratique de droit international privé Larose et Forcel 2e édition 6 volumes 1907-1913.

Autres ouvrages

- B. ANCEL et Y LEQUETTE Grands arrêts de la jurisprudence française de droit international privé, 3e édition Sirey 1998.

Mélanges

- Recueil des cours de l'Académie de droit international de La Haye.

Revues

- Revue critique de droit international privé, Sirey.
- Journal de droit international privé ou clunet, éditions techniques.
- Les travaux du Comité français de droit international privé, éditions CNRS.

Répertoires

- Jurisclasseur droit international.
- Encyclopédie juridique Dalloz, répertoire de droit international.

Sites web juridiques

(Une sélection de sites juridiques pertinents)

Sites relatifs aux droits de l'homme

DROITS DE L'HOMME :
Déclaration des droits de l'homme, Conventions européennes, abolition peine de mort, CNIL...
http://www.justice.gouv.fr

DECLARATION DROITS DE L'HOMME ET DU CITOYEN :
http://www.france.diplomatie.fr/france/instit

Sites juridiques de droit international

RIDI :
Actualités en droit international fait par des chercheurs en droit international public.
http://ridi.org/adi

INTERNATIONAL TRADE LAW :
Principaux traités concernant le droit du commerce international.
http://lexmercatoria.net

ADMINET :
Chapitre sur les lois internationales
http://argia.fr/adminet/world/law/

LEGAL INFORMATION INSTITUTE :
Bibliothèque juridique intéressante :
http://www.law.cornell.edu/index.html

OMPI :
Organisation mondiale de la propriété Intellectuelle : Textes des traités, marques et noms de domaine, publications...
http://www.wipo.org

OFFICE EUROPÉEN DES BREVETS :
http://www.euopean-patent-office.org

JURIS INTERNATIONAL :
http://www.jurisint.org

INTERNATIONAL CHAMBER OF COMMERCE :
http://www.iccwbo.org/

Sites de l'union européenne

EUROPEAN UNION INTERNET RESOURCES (anglais) :
Site de l'université de Berkeley qui a recensé des informations sur le droit européen.
http://www.lib.berkeley.edu/GSSI/eu.html

EUROPEAN INFORMATION SOCIETY PROJECT (anglais) :
Textes traitant de l'organisation de la société de communication.
http://www.ispo.cec.be

SERVEUR DE L'UNION EUROPÉENNE :
http://europa.eu.int

CONSEIL DE L'UNION EUROPÉENNE :
http://ue.eu.int/jr/summ.htm

PARLEMENT EUROPÉEN :
http://www.europarl.eu.int/sg/tree/fr/default.htm

SOURCES D'EUROPE :
http://www.info-europe.fr

Sites de droit americain

CYBERSPACE LAW CENTER :
Site d'informations détaillées sur les sites web de droit anglo-saxon.
http://www.cybersquirrel.com/clc/clcindex.html

LAWGURU :
Cabinet californien qui met à notre disposition des outils de recherches d'informations juridiques.
http://www.lawguru.com

CORNELL LAW SCHOOL :
Nombreuses ressources juridiques par thèmes d'intérêt.
http://www.law.cornell.edu/index.html

CHICAGO UNIVERSITY :
Sites de droit américain et sites de droit international.
http://www.kentlaw.edu

INDIANA LAW SCHOOL :
Sites de droit américain et de droit international.
http://www.law.indiana.edu/law/lawindex.htm

INTERNET LEGAL RESOURCES GUIDE :
Site de l'université de Stanford ; index de ressources juridiques internationales.
http://www.ilrg.com

CYBERLAW :
Articles de droit américain.
http://www.cyberlaw.com

LIBRARY OF CONGRESS WORLD WIDE WEB :
Librairie qui contient tout ce que l'on peut rechercher en droit américain.
http://www.loc.gov

THE ELECTRIC LAW LIBRARY :
Bibliothèque juridique en ligne.
http://www.lectlaw.com

CYBERSPACE LAW INSTITUTE :
Site intéressant avec cours interactifs.
http://www.cli.org

FINDLAW :
Nombreuses ressources juridiques classées par thèmes.
http://www.findlaw.com

ACCA LINKS :
Site très intéressant qui propose une bonne classification des informations juridiques.
http://www.acca.com

LAW CHANNEL :
http://www.lawchannel.com

LAWLINKS :
Mine d'informations juridiques américaines et internationales du Lexis Counsel Connect.
http://www.counsel.com

KUESTERLAW TRECHNOLOGY LAW RESOURCE-PATENT COPYRIGHT TRADEMARK :
Excellent site, très complet avec beaucoup de jurisprudence.
http://www.kuesterlaw.com

THE LAW ENGINE :
Index complet de ressources juridiques mis en ligne par Goldberger et associates.
http://www.fastsearch.com/law

Sites de droit anglais

FORINT-LAW :
Site de l'université de Washburn, index de droit international.
http://www.washlaw.edu

UNIVERSITY OF NEWCASTLE LEGAL SITE :
Journal Internet sur des problèmes de droit.
http://www.ncl.ac.uk

A SHAREWARE SITE :
Site avec possibilités de téléchargement.
http://demon.co.uk/

Sites de droit canadien

GOUVERNEMENT CANADIEN :
http://www.canada.gc.ca

MINISTÈRE DE LA JUSTICE :
http://canada.justice.gc.ca

UNIVERSITÉ DE MONTRÉAL :
http://www.droit.umontreal.ca/en

McGILL UNIVERSITY LAW LIBRARY :
http://www.law.library.mcgill.ca/law.html

Sites de droit allemand

GOUVERNEMENT FÉDÉRAL :
http://www.bundesregierung.de

DÉPARTEMENT FÉDÉRAL DE LA JUSTICE :
Informations juridiques, état des projets en cours.
http://www.bmj.de

DONNÉES DE BASES JURIDIQUES :
Site payant.
http://www.juris.de

DROIT ALLEMAND :
http://www.jura.uni-sb.de

Sites de droit italien

http://www.infotel.it/jura/codex

http://www.diritto.it

Sites de droit espagnol

JOURNAL OFFICIEL :
http://www.boe.es

PARLEMENT :
http://www.congreso.es

Traités

FLETCHER MULTILATERALS PROJECT :
http://www.tufts.edu/fletcher/multilaterals.htm

INTERNET LAW LIBARY :
http://www.law.house.gov

TRAITÉS DES NATIONS UNIES :
http://www.un.org/Depts/Treaty

TRAITÉS DE L'UNION EUROPÉENNE :
http://europa.eu.int/abc/obj/treaties/en/entloc.htm

TRAITÉ D'AMSTERDAM :
http://www.amsterdam.info-europe.fr

TRAITÉS EUROPÉENS :
http://europa.eu.int/abc/obj/treaties/en/entloc.htm

GLOBELAW :
http://www.globelaw.com

Les conventions internationales

1. La Convention de Vienne du 11 avril 1980

La Convention des Nations unies s'est déterminée sur les contrats de vente internationale de marchandises à Vienne le 11 avril 1980.

Les États parties à la présente Convention ont inscrit les objectifs généraux dans les résolutions relatives à l'instauration d'un nouvel ordre économique international considérant le développement du commerce international sur la base de l'égalité et arguant que les avantages mutuels sont des éléments importants dans la promotion de relations amicales entre les États. Ils ont estimé que l'adoption de règles uniformes, applicables aux contrats de vente internationale de marchandises et compatibles avec les différents systèmes sociaux, économiques et juridiques contribueront à l'élimination des obstacles juridiques aux échanges internationaux et favoriseront le développement du commerce international.

Ils ont convenu de ce qui suit pour les articles nous intéressant dans le cadre des contrats de service et la fourniture de matériels industriels.

Champ d'application

Art. 1

La présente Convention s'applique aux contrats de vente de marchandises entre des parties ayant leur établissement dans des États différents :
a) lorsque ces États sont des États contractants ; ou
b) lorsque les règles du droit international privé mènent à l'application de la loi d'un État contractant.

Il n'est pas tenu compte du fait que les parties ont leur établissement dans des États différents lorsque ce fait ne ressort ni du contrat, ni de transactions antérieures entre les parties, ni de renseignements donnés par ces dernières à un moment quelconque avant la conclusion ou lors de la conclusion du contrat.

Ni la nationalité des parties ni le caractère civil ou commercial des parties ou du contrat ne sont pris en considération pour l'application de la présente Convention.

Art. 2

La présente Convention ne régit pas les ventes :
a) de marchandises achetées pour un usage personnel, familial ou domestique, à moins que le vendeur, à un moment quelconque avant la conclusion ou lors de la conclusion du contrat, n'ait pas su, et n'ait pas été censé savoir, que ces marchandises étaient achetées pour un tel usage ;
b) aux enchères ;
c) sur saisie ou de quelque autre manière par autorité de justice ;
d) de valeurs mobilières, effets de commerce et monnaies ;
e) de navires, bateaux, aéroglisseurs et aéronefs ;
f) d'électricité.

Art. 3

Sont réputés ventes les contrats de fourniture de marchandises à fabriquer ou à produire, à moins que la partie qui commande celles-ci n'ait à fournir une part essentielle des éléments matériels nécessaires à cette fabrication ou production.

La présente Convention ne s'applique pas aux contrats dans lesquels la part prépondérante de l'obligation de la partie qui fournit les marchandises consiste en une fourniture de main-d'œuvre ou d'autres services.

Art. 4

La présente Convention régit exclusivement la formation du contrat de vente et les droits et obligations qu'un tel contrat fait naître entre le vendeur et l'acheteur. En particulier, sauf disposition contraire expresse de la présente Convention, celle-ci ne concerne pas :
a) la validité du contrat ni celle d'aucune de ses clauses non plus que celle des usages ;
b) les effets que le contrat peut avoir sur la propriété des marchandises vendues.

Art. 5

La présente Convention ne s'applique pas à la responsabilité du vendeur pour décès ou lésions corporelles causées à quiconque par les marchandises.

Art. 6

Les parties peuvent exclure l'application de la présente Convention ou, sous réserve des dispositions de l'article 12, déroger à l'une quelconque de ses dispositions ou en modifier les effets.

Dispositions générales

Art. 7

Pour l'interprétation de la présente Convention, il sera tenu compte de son caractère international et de la nécessité de promouvoir l'uniformité de son application ainsi que d'assurer le respect de la bonne foi dans le commerce international.

Les questions concernant les matières régies par la présente Convention et qui ne sont pas expressément tranchées par elle seront réglées selon les principes généraux dont elle s'inspire ou, à défaut de ces principes, conformément à la loi applicable en vertu des règles du droit international privé.

Art. 8

Aux fins de la présente Convention, les indications et les autres comportements d'une partie doivent être interprétés selon l'intention de celle-ci lorsque l'autre partie connaissait ou ne pouvait ignorer cette intention.

Si le paragraphe précédent n'est pas applicable, les indications et autres comportements d'une partie doivent être interprétés selon le sens qu'une personne raisonnable, de même qualité que l'autre partie, placée dans la même situation, leur aurait donné.

Pour déterminer l'intention d'une partie ou ce qu'aurait compris une personne raisonnable, il doit être tenu compte des circonstances pertinentes, notamment des négociations qui ont pu avoir lieu entre les parties, des habitudes qui se sont établies entre elles, des usages et de tout comportement ultérieur des parties.

Art. 9

Les parties sont liées par les usages auxquels elles ont consenti et par les habitudes qui se sont établies entre elles.

Sauf convention contraire des parties, celles-ci sont réputées s'être tacitement référées dans le contrat et pour sa formation à tout usage dont elles avaient connaissance ou auraient dû avoir connaissance et qui, dans le commerce international, est largement connu et régulièrement observé par les parties lors de contrats de même type dans la branche commerciale considérée.

Art. 10

Aux fins de la présente Convention :
a) si une partie a plus d'un établissement, l'établissement à prendre en considération est celui qui a la relation la plus étroite avec le contrat et son exécution, eu égard aux circonstances connues des parties ou envisagées par elles à un moment quelconque avant la conclusion ou lors de la conclusion du contrat ;
b) si une partie n'a pas d'établissement, sa résidence habituelle en tient lieu.

Art. 11

Le contrat de vente n'a pas à être conclu ni constaté par écrit et n'est soumis à aucune autre condition de forme. Il peut être prouvé par tous moyens, y compris par témoins.

Art. 12

Toute disposition de l'article 11, de l'article 29 ou de la seconde partie de la présente Convention autorisant une forme autre que la forme écrite, soit pour la conclusion ou pour la modification ou la résiliation amiable d'un contrat de vente, soit pour toute offre, acceptation ou autre manifestation d'intention, ne s'applique pas dès lors qu'une des parties a son établissement dans un État contractant qui a fait une déclaration conformément à l'article 96 de la présente Convention. Les parties ne peuvent déroger au présent article ni en modifier les effets.

Art. 13

Aux fins de la présente Convention, le terme « écrit » doit s'entendre également pour les communications adressées par télégramme ou par télex.

Formation du contrat

Art. 14

Une proposition de conclure un contrat adressé à une ou plusieurs personnes déterminées constitue une offre si elle est suffisamment précise et si elle indique la volonté de son auteur d'être lié en cas d'acceptation. Une proposition est suffisamment précise lorsqu'elle désigne les marchandises et, expressément ou implicitement, fixe la quantité et le prix ou donne des indications permettant de les déterminer.

Une proposition adressée à des personnes indéterminées est considérée seulement comme une invitation à l'offre, à moins que la personne qui a fait la proposition n'ait clairement indiqué le contraire.

Art. 15

Une offre prend effet lorsqu'elle parvient au destinataire.

Une offre, même si elle est irrévocable, peut être rétractée si la rétractation parvient au destinataire avant, ou en même temps, que l'offre.

Art. 16

Tant qu'un contrat n'a pas été conclu, une offre peut être révoquée si la révocation parvient au destinataire avant que celui-ci n'ait expédié une acceptation.

Cependant, une offre ne peut être révoquée :
a) si elle indique, en fixant un délai déterminé pour l'acceptation, ou autrement, qu'elle est irrévocable ; ou
b) s'il était raisonnable pour le destinataire de considérer l'offre comme irrévocable et s'il a agi en conséquence.

Art. 17

Une offre, même irrévocable, prend fin lorsque son rejet parvient à l'auteur de l'offre.

Art. 18

Une déclaration ou autre comportement du destinataire indiquant qu'il acquiesce à une offre constitue une acceptation. Le silence ou l'inaction à eux seuls ne peuvent valoir acceptation.

L'acceptation d'une offre prend effet au moment où l'indication d'acquiescement parvient à l'auteur de l'offre. L'acceptation ne prend pas effet si cette indication ne parvient pas à l'auteur de l'offre dans le délai qu'il a stipulé ou, à défaut d'une telle stipulation, dans un délai raisonnable, compte tenu des circonstances de la transaction et de la rapidité des moyens de communication utilisés par l'auteur de l'offre.

Une offre verbale doit être acceptée immédiatement, à moins que les circonstances n'impliquent le contraire.

Cependant, en vertu de l'offre, ou des habitudes qui se sont établies entre les parties ou des usages, le destinataire de l'offre peut indiquer qu'il acquiesce en accomplissant un acte se rapportant, par exemple, à l'expédition des marchandises ou au paiement du prix, sans communication à l'auteur de l'offre, l'acceptation prenant alors effet au moment où cet acte est accompli, pour autant qu'il le soit dans les délais prévus par le paragraphe précédent.

Art. 19

Une réponse qui tend à être l'acceptation d'une offre, mais qui contient des additions, des limitations ou autres modifications, est un rejet de l'offre et constitue une contre-offre.

Cependant, une réponse qui tend à être l'acceptation d'une offre, mais qui contient des éléments complémentaires ou différents n'altérant pas substantiellement les termes de l'offre, constitue une acceptation, à moins que l'auteur de l'offre, sans retard injustifié, n'en relève les différences verbalement ou n'adresse un avis à cet effet. S'il ne le fait pas, les termes du contrat sont ceux de l'offre, avec les modifications comprises dans l'acceptation.

Des éléments complémentaires ou différents relatifs notamment au prix, au paiement, à la qualité et à la quantité des marchandises, au lieu et au moment de la livraison, à l'étendue de la responsabilité d'une partie à l'égard de l'autre ou au règlement des différends, sont considérés comme altérant substantiellement les termes de l'offre.

Art. 20

Le délai d'acceptation fixé par l'auteur de l'offre dans un télégramme ou une lettre commence à courir au moment où le télégramme est remis pour expédition ou à la date qui apparaît sur la lettre ou, à défaut, à la date qui apparaît sur l'enveloppe. Le délai d'acceptation que l'auteur de l'offre fixe par téléphone, par télex ou par d'autres moyens de communication instantanés commence à courir au moment où l'offre parvient au destinataire.

Les jours fériés ou chômés qui tombent pendant que court le délai d'acceptation sont comptés dans le calcul de ce délai. Cependant, si la notification ne peut être remise à l'adresse de l'auteur de l'offre le dernier jour du délai, parce que celui-ci tombe un jour férié ou chômé au lieu d'établissement de l'auteur de l'offre, le délai est prorogé jusqu'au premier jour ouvrable suivant.

Art. 21

Une acceptation tardive produit néanmoins effet en tant qu'acceptation si, sans retard, l'auteur de l'offre en informe verbalement le destinataire ou lui adresse un avis à cet effet.

Si la lettre ou autre écrit contenant une acceptation tardive révèle qu'elle a été expédiée dans des conditions telles que, si sa transmission avait été régulière, elle serait parvenue à temps à l'auteur de l'offre, l'acceptation tardive produit effet en tant qu'acceptation à moins que, sans retard, l'auteur de l'offre n'informe verbalement le destinataire de l'offre qu'il considère que son offre avait pris fin ou qu'il ne lui adresse un avis à cet effet.

Art. 22

L'acceptation peut être rétractée si la rétractation parvient à l'auteur de l'offre avant le moment où l'acceptation aurait pris effet ou à ce moment.

Art. 23

Le contrat est conclu au moment où l'acceptation d'une offre prend effet conformément aux dispositions de la présente Convention.

Art. 24

Aux fins de la présente partie de la Convention, une offre, une déclaration d'acceptation ou toute autre manifestation d'intention « parvient » à son destinataire lorsqu'elle lui est faite verbalement ou est délivrée par tout autre moyen au destinataire lui-même, à son établissement, à son adresse postale ou, s'il n'a pas d'établissement ou d'adresse postale, à sa résidence habituelle.

Vente et achat de marchandises (matériels dans notre cas)

Art. 29

Un contrat peut être modifié ou résilié par accord amiable entre les parties.

Un contrat écrit qui contient une disposition stipulant que toute modification ou résiliation amiable doit être faite par écrit ne peut être modifié ou résilié à l'amiable sous une autre forme. Toutefois, le comportement de l'une des parties peut empêcher d'invoquer une telle disposition si l'autre partie s'est fondée sur ce comportement.

Obligations du vendeur

Art. 30

Le vendeur s'oblige, dans les conditions prévues au contrat et par la présente Convention (de Vienne), à livrer les marchandises, à en transférer la propriété et, s'il y a lieu, à remettre les documents s'y rapportant.

Livraison des marchandises et remise des documents

Art. 31

Si le vendeur n'est pas tenu de livrer les marchandises en un autre lieu particulier, son obligation de livraison consiste :

a) lorsque le contrat de vente implique un transport des marchandises, à remettre les marchandises au premier transporteur pour transmission à l'acheteur ;

b) lorsque, dans les cas non visés au précédent alinéa, le contrat porte sur un corps certain ou sur une chose de genre qui doit être prélevée sur une masse déterminée ou qui doit être fabriquée ou produite et lorsque, au moment de la conclusion du contrat, les parties savaient que les marchandises se trouvaient ou devaient être fabriquées ou produites en un lieu particulier, à mettre les marchandises à la disposition de l'acheteur en ce lieu ;

c) dans les autres cas, à mettre les marchandises à la disposition de l'acheteur au lieu où le vendeur avait son établissement au moment de la conclusion du contrat.

Art. 32

Si, conformément au contrat ou à la présente Convention, le vendeur remet les marchandises à un transporteur et si les marchandises ne sont pas clairement identifiées aux fins du contrat par l'apposition d'un signe distinctif sur les marchandises, par des documents de transport ou par tout autre moyen, le vendeur doit donner à l'acheteur avis de l'expédition en désignant spécifiquement les marchandises.

Si le vendeur est tenu de prendre des dispositions pour le transport des marchandises, il doit conclure les contrats nécessaires pour que le transport soit effectué jusqu'au lieu prévu, par les moyens de transport appropriés aux circonstances et selon les conditions usuelles pour un tel transport.

Si le vendeur n'est pas tenu de souscrire lui-même une assurance de transport, il doit fournir à l'acheteur, à la demande de celui-ci, tous renseignements dont il dispose qui sont nécessaires à la conclusion de cette assurance.

Art. 33

Le vendeur doit livrer les marchandises :
a) si une date est fixée par le contrat ou déterminable par référence au contrat, à cette date ;
b) si une période de temps est fixée par le contrat ou déterminable par référence au contrat, à un moment quelconque au cours de cette période, à moins qu'il ne résulte des circonstances que c'est à l'acheteur de choisir une date ;
c) dans tous les autres cas, dans un délai raisonnable à partir de la conclusion du contrat.

Art. 34

Si le vendeur est tenu de remettre les documents se rapportant aux marchandises, il doit s'acquitter de cette obligation au moment, au lieu et dans la forme prévus au contrat. En cas de remise anticipée, le vendeur conserve, jusqu'au moment prévu pour la remise, le droit de réparer tout défaut de conformité des documents, à condition que l'exercice de ce droit ne cause à l'acheteur ni inconvénients ni frais déraisonnables. Toutefois, l'acheteur conserve le droit de demander des dommages-intérêts conformément à la présente Convention.

Conformité des marchandises et droits ou prétentions de tiers

Art. 35

Le vendeur doit livrer des marchandises dont la quantité, la qualité et le type répondent à ceux prévus au contrat, et dont l'emballage ou le conditionnement correspond à celui également prévu au contrat.

À moins que les parties n'en soient convenues autrement, les marchandises ne sont conformes au contrat que si :
a) elles sont propres aux usages auxquels serviraient habituellement des marchandises du même type ;
b) elles sont propres à tout usage spécial qui a été porté expressément ou tacitement à la connaissance du vendeur au moment de la conclusion du contrat, sauf s'il résulte des circonstances que l'acheteur ne s'en est pas remis à la compétence ou à l'appréciation du vendeur ou qu'il n'était pas raisonnable de sa part de le faire ;
c) elles possèdent les qualités d'une marchandise que le vendeur a présentée à l'acheteur comme échantillon ou modèle ;
d) elles sont emballées ou conditionnées selon le mode habituel pour les marchandises du même type ou, à défaut de mode habituel, d'une manière propre à les conserver et à les protéger.

Le vendeur n'est pas responsable, au regard des alinéas a) à d) du paragraphe précédent, d'un défaut de conformité que l'acheteur connaissait ou ne pouvait ignorer au moment de la conclusion du contrat.

Art. 36

Le vendeur est responsable, conformément au contrat et à la présente Convention, de tout défaut de conformité qui existe au moment du transfert des risques à l'acheteur, même si ce défaut n'apparaît qu'ultérieurement.

Le vendeur est également responsable de tout défaut de conformité qui survient après le moment indiqué au paragraphe précédent et qui est imputable à l'inexécution de l'une quelconque de ses obligations, y compris à un manquement à une garantie que, pendant une certaine période, les marchandises resteront propres à leur usage normal ou à un usage spécial, ou conserveront des qualités ou caractéristiques spécifiées.

Art. 37

En cas de livraison anticipée, le vendeur a le droit, jusqu'à la date prévue pour la livraison, soit de livrer une partie ou une quantité manquante, ou des marchandises nouvelles en remplacement des marchandises non conformes au contrat, soit de réparer tout défaut de conformité des marchandises, à condition que l'exercice de ce droit ne cause à l'acheteur ni inconvénients ni frais déraisonnables. Toutefois, l'acheteur conserve le droit de demander des dommages-intérêts conformément à la présente Convention.

Art. 38

L'acheteur doit examiner les marchandises ou les faire examiner dans un délai aussi bref que possible eu égard aux circonstances.

Si le contrat implique un transport des marchandises, l'examen peut être différé jusqu'à leur arrivée à destination.

Si les marchandises sont déroutées ou réexpédiées par l'acheteur sans que celui-ci n'ait eu raisonnablement la possibilité de les examiner et si, au moment de la conclusion du contrat, le vendeur connaissait ou aurait dû connaître la possibilité de ce déroutage ou de cette réexpédition, l'examen peut être différé jusqu'à l'arrivée des marchandises à leur nouvelle destination.

Art. 39

L'acheteur est déchu du droit de se prévaloir d'un défaut de conformité s'il ne le dénonce pas au vendeur, en précisant la nature de ce défaut dans un délai raisonnable à partir du moment où il l'a constaté ou aurait dû le constater.

Dans tous les cas, l'acheteur est déchu du droit de se prévaloir d'un défaut de conformité s'il ne le dénonce pas au plus tard dans un délai de deux ans à compter de la date à laquelle les marchandises lui ont été effectivement remises, à moins que ce délai ne soit incompatible avec la durée d'une garantie contractuelle.

Art. 40

Le vendeur ne peut pas se prévaloir des dispositions des articles 38 et 39 lorsque le défaut de conformité porte sur des faits qu'il connaissait ou ne pouvait ignorer et qu'il n'a pas révélés à l'acheteur.

Art. 41

Le vendeur doit livrer les marchandises libres de tout droit ou prétention d'un tiers, à moins que l'acheteur n'accepte de prendre les marchandises dans ces conditions. Toutefois, si ce droit ou cette prétention est fondé sur la propriété industrielle ou autre propriété intellectuelle, l'obligation du vendeur est régie par l'article 42.

© Éditions d'Organisation

Art. 42

Le vendeur doit livrer les marchandises libres de tout droit ou prétention d'un tiers fondé sur la propriété industrielle ou autre propriété intellectuelle, qu'il connaissait ou ne pouvait ignorer au moment de la conclusion du contrat, à condition que ce droit ou cette prétention soient fondés sur la propriété industrielle ou autre propriété intellectuelle :

➤ En vertu de la loi de l'État où les marchandises doivent être revendues ou utilisées, si les parties ont envisagé au moment de la conclusion du contrat que les marchandises seraient revendues ou utilisées dans cet État ; ou, dans tous les autres cas, en vertu de la loi de l'État où l'acheteur a son établissement.

➤ Dans les cas suivants, le vendeur n'est pas tenu de l'obligation prévue au paragraphe précédent :

☞ au moment de la conclusion du contrat, l'acheteur connaissait ou ne pouvait ignorer l'existence du droit ou de la prétention ; ou

☞ le droit ou la prétention résulte de ce que le vendeur s'est conformé aux plans techniques, dessins, formules ou autres spécifications analogues fournies par l'acheteur.

Art. 43

L'acheteur perd le droit de se prévaloir des dispositions des articles 41 et 42 s'il ne dénonce pas au vendeur le droit ou la prétention du tiers, en précisant la nature de ce droit ou de cette prétention, dans un délai raisonnable à partir du moment où il en a eu connaissance ou aurait dû en avoir connaissance.

Le vendeur ne peut pas se prévaloir des dispositions du paragraphe précédent s'il connaissait le droit ou la prétention du tiers et sa nature.

Art. 44

Nonobstant les dispositions du paragraphe 1 de l'article 39 et du paragraphe 1 de l'article 43, l'acheteur peut réduire le prix conformément à l'article 50 ou demander des dommages-intérêts, sauf pour le gain manqué, s'il a une excuse raisonnable pour n'avoir pas procédé à la dénonciation requise.

Moyens dont dispose l'acheteur en cas de contravention au contrat par le vendeur

Art. 45

Si le vendeur n'a pas exécuté l'une quelconque des obligations résultant pour lui du contrat de vente ou de la présente Convention, l'acheteur est fondé à :

➤ exercer les droits prévus aux articles 46 à 52 ;
➤ demander les dommages-intérêts prévus aux articles 74 à 77.

L'acheteur ne perd pas le droit de demander des dommages-intérêts lorsqu'il exerce son droit de recourir à un autre moyen.

Aucun délai de grâce ne peut être accordé au vendeur par un juge ou par un arbitre lorsque l'acheteur se prévaut d'un des moyens dont il dispose en cas de contravention au contrat.

Art. 46

L'acheteur peut exiger du vendeur l'exécution de ses obligations, à moins qu'il ne se soit prévalu d'un moyen incompatible avec cette exigence.

Si les marchandises ne sont pas conformes au contrat, l'acheteur ne peut exiger du vendeur la livraison de marchandises de remplacement que si le défaut de conformité constitue une contravention essentielle au contrat et si cette livraison est demandée au moment de la dénonciation du défaut de conformité faite conformément à l'article 39 ou dans un délai raisonnable à compter de cette dénonciation.

Si les marchandises ne sont pas conformes au contrat, l'acheteur peut exiger du vendeur qu'il répare le défaut de conformité, à moins que cela ne soit déraisonnable compte tenu de toutes les circonstances. La réparation doit être demandée au moment de la dénonciation du défaut de conformité faite conformément à l'article 39 ou dans un délai raisonnable à compter de cette dénonciation.

Art. 47

L'acheteur peut impartir au vendeur un délai supplémentaire de durée raisonnable pour l'exécution de ses obligations.

À moins qu'il n'ait reçu du vendeur une notification l'informant que celui-ci n'exécuterait pas ses obligations dans le délai ainsi imparti, l'acheteur ne peut, avant l'expiration de ce délai, se prévaloir d'aucun des moyens dont il dispose en cas de contravention au contrat. Toutefois, l'acheteur ne perd pas, de ce fait, le droit de demander des dommages-intérêts pour retard dans l'exécution.

Art. 48

Sous réserve de l'article 49, le vendeur peut, même après la date de la livraison, réparer à ses frais tout manquement à ses obligations, à condition que cela n'entraîne pas un retard déraisonnable et ne cause à l'acheteur ni inconvénients déraisonnables ni incertitude quant au remboursement par le vendeur de ses frais par l'acheteur. Toutefois, l'acheteur conserve le droit de demander des dommages-intérêts conformément à la présente Convention.

Si le vendeur demande à l'acheteur de lui faire savoir s'il accepte l'exécution et si l'acheteur ne lui répond pas dans un délai raisonnable, le vendeur peut exécuter ses obligations dans le délai qu'il a indiqué dans sa demande. L'acheteur ne peut, avant l'expiration de ce délai, se prévaloir d'un moyen incompatible avec l'exécution par le vendeur de ses obligations.

Lorsque le vendeur notifie à l'acheteur son intention d'exécuter ses obligations dans un délai déterminé, il est présumé demander à l'acheteur de lui faire connaître sa décision conformément au paragraphe précédent.

Une demande ou une notification faite par le vendeur n'a d'effet que si elle est reçue par l'acheteur.

Art. 49

L'acheteur peut déclarer le contrat non résolu :

➤ si l'inexécution par le vendeur de l'une quelconque des obligations résultant pour lui du contrat ou de la présente Convention constitue une contravention essentielle au contrat, ou

➤ en cas de défaut de livraison, si le vendeur ne livre pas les marchandises dans le délai supplémentaire imparti par l'acheteur conformément au paragraphe l'article 47, ou s'il déclare qu'il ne livrera pas dans le délai ainsi imparti.

Cependant, lorsque le vendeur a livré les marchandises, l'acheteur est déchu du droit de déclarer le contrat non résolu s'il ne l'a pas fait :

➤ en cas de livraison tardive, dans un délai raisonnable à partir du moment où il a su que la livraison avait été effectuée ;

➤ en cas de contravention autre que la livraison tardive, dans un délai raisonnable :

☞ à partir du moment où il a eu connaissance ou aurait dû avoir connaissance de cette contravention ;

☞ après l'expiration de tout délai supplémentaire imparti par l'acheteur conformément à l'article 47 ou après que le vendeur eut déclaré qu'il n'exécuterait pas ses obligations dans ce délai supplémentaire ; ou

☞ après l'expiration de tout délai supplémentaire indiqué par le vendeur conformément à l'article 48 ou après que l'acheteur eut déclaré qu'il n'accepterait pas l'exécution.

Art. 50

En cas de défaut de conformité des marchandises par rapport au contrat, que le prix ait été ou non déjà payé, l'acheteur peut réduire le prix proportionnellement à la différence entre la valeur que les marchandises effectivement livrées avaient au moment de la livraison et la valeur que des marchandises conformes auraient eue à ce moment. Cependant, si le vendeur répare tout manquement à ses obligations conformément à l'article 37 ou à l'article 48 ou si l'acheteur refuse d'accepter l'exécution par le vendeur conformément à ces articles, l'acheteur ne peut réduire le prix.

Art. 51

Si le vendeur ne livre qu'une partie des marchandises ou si une partie seulement des marchandises livrées est conforme au contrat, les articles 46 à 50 s'appliquent en ce qui concerne la partie manquante ou non conforme.

L'acheteur ne peut déclarer le contrat non résolu dans sa totalité que si l'inexécution partielle ou le défaut de conformité constitue une contravention essentielle au contrat.

Art. 52

Si le vendeur livre les marchandises avant la date fixée, l'acheteur a la faculté d'en prendre livraison ou de refuser d'en prendre livraison.

Si le vendeur livre une quantité supérieure à celle prévue au contrat, l'acheteur peut accepter ou refuser de prendre livraison de la quantité excédentaire. Si l'acheteur accepte d'en prendre livraison en tout ou en partie, il doit la payer au tarif du contrat.

Obligations de l'acheteur

Art. 53

L'acheteur s'oblige, dans les conditions prévues au contrat et par la présente Convention, à payer le prix et à prendre livraison des marchandises.

Paiement du prix

Art. 54

L'obligation qu'a l'acheteur de payer le prix comprend celle de prendre les mesures et d'accomplir les formalités destinées à permettre le paiement du prix qui sont prévues par le contrat ou par les lois et les règlements.

Art. 55

Si la vente est valablement conclue sans que le prix des marchandises vendues n'ait été fixé dans le contrat expressément ou implicitement ou par une disposition permettant de le déterminer, les parties sont réputées, sauf indications contraires, s'être tacitement référées au prix habituellement pratiqué au moment de la conclusion du contrat, dans la branche commerciale considérée, pour les mêmes marchandises vendues dans des circonstances comparables.

Art. 56

Si le prix est fixé d'après le poids des marchandises, c'est le poids net qui, en cas de doute, détermine ce prix.

Art. 57

Si l'acheteur n'est pas tenu de payer le prix en un autre lieu particulier, il doit payer le vendeur :

➤ lors de l'établissement de celui-ci ; ou
➤ le paiement doit être fait contre la remise des marchandises ou des documents, au lieu de cette remise.

Le vendeur doit supporter toute augmentation des frais accessoires au paiement qui résultent de son changement d'établissement après la conclusion du contrat.

Art. 58

Si l'acheteur n'est pas tenu de payer le prix à un autre moment déterminé, il doit le payer lorsque, conformément au contrat et à la présente convention, le vendeur met à sa disposition soit les marchandises, soit des documents représentatifs des marchandises. Le vendeur peut faire du paiement une condition de la remise des marchandises ou des documents.

Si le contrat implique un transport des marchandises, le vendeur peut en faire l'expédition sous condition que celles-ci ou les documents représentatifs ne seront remis à l'acheteur que contre paiement du prix.

L'acheteur n'est pas tenu de payer le prix avant d'avoir eu la possibilité d'examiner les marchandises, à moins que les modalités de livraison ou de paiement dont sont convenues les parties ne lui en laissent pas la possibilité.

Art. 59

L'acheteur doit payer le prix à la date fixée au contrat ou résultant du contrat et de la présente Convention, sans qu'il ne soit besoin d'aucune demande ou autre formalité de la part du vendeur.

Prise de livraison

Art. 60

L'obligation de l'acheteur de prendre livraison consiste à accomplir tout acte qu'on peut raisonnablement attendre de lui pour permettre au vendeur d'effectuer la livraison et à retirer les marchandises.

Moyens dont dispose le vendeur en cas de contravention au contrat par l'acheteur

Art. 61

Si l'acheteur n'a pas exécuté l'une quelconque des obligations résultant pour lui du contrat de vente ou de la présente Convention, le vendeur est fondé à :

➤ exercer les droits prévus aux articles 62 à 65 ;

➤ demander les dommages-intérêts prévus aux articles 74 à 77.

Le vendeur ne perd pas le droit de demander des dommages-intérêts lorsqu'il exerce son droit de recourir à un autre moyen.

Aucun délai de grâce ne peut être accordé à l'acheteur par un juge ou par un arbitre lorsque le vendeur se prévaut d'un des moyens dont il dispose en cas de contravention au contrat.

Art. 62

Le vendeur peut exiger de l'acheteur le paiement du prix, la prise de livraison des marchandises ou l'exécution des autres obligations de l'acheteur, à moins qu'il ne se soit prévalu d'un moyen incompatible avec ces exigences.

Art. 63

Le vendeur peut impartir à l'acheteur un délai supplémentaire de durée raisonnable pour l'exécution de ses obligations.

À moins qu'il n'ait reçu de l'acheteur une notification l'informant que celui-ci n'exécuterait pas ses obligations dans le délai ainsi imparti, le vendeur ne peut, avant l'expiration de ce délai, se prévaloir d'aucun des moyens dont il dispose en cas de contravention au contrat. Toutefois, le vendeur ne perd pas, de ce fait, le droit de demander des dommages-intérêts pour retard dans l'exécution.

Art. 64

Le vendeur peut déclarer le contrat résolu :

➤ si l'inexécution par l'acheteur de l'une quelconque des obligations résultant pour lui du contrat ou de la présente Convention constitue une contravention essentielle au contrat ; ou

➤ si l'acheteur n'exécute pas son obligation de payer le prix ou ne prend pas livraison des marchandises dans le délai supplémentaire imparti par le vendeur conformément à l'article 63, ou s'il déclare qu'il ne le fera pas dans le délai ainsi imparti.

➤ Cependant, lorsque l'acheteur a payé le prix, le vendeur est déchu du droit de déclarer le contrat non résolu s'il ne l'a pas fait :

☞ en cas d'exécution tardive par l'acheteur, avant d'avoir su qu'il y avait eu exécution ; ou

☞ en cas de contravention par l'acheteur autre que l'exécution tardive, dans un délai raisonnable :

– à partir du moment où le vendeur a eu connaissance ou aurait dû avoir connaissance de cette contravention ; ou

– après l'expiration de tout délai supplémentaire imparti par le vendeur conformément à l'article 63 ou après que l'acheteur eut déclaré qu'il n'exécuterait pas ses obligations dans ce délai supplémentaire.

Art. 65

Si le contrat prévoit que l'acheteur doit spécifier la forme, la mesure ou d'autres caractéristiques des marchandises et si l'acheteur n'effectue pas cette spécification à la date convenue ou dans un délai raisonnable à compter de la réception d'une demande du vendeur, celui-ci peut, sans préjudice de tous autres droits qu'il peut avoir, effectuer lui-même cette spécification d'après les besoins de l'acheteur dont il peut avoir connaissance.

Si le vendeur effectue lui-même la spécification, il doit en faire connaître les modalités à l'acheteur et lui impartir un délai raisonnable pour une spécification différente.

Si, après réception de la communication du vendeur, l'acheteur n'utilise pas cette possibilité dans le délai ainsi imparti, la spécification effectuée par le vendeur est définitive.

Transfert des risques

Art. 66

La perte ou la détérioration des marchandises survenue après le transfert des risques à l'acheteur ne libère pas celui-ci de son obligation de payer le prix, à moins que ces événements ne soient du fait du vendeur.

Art. 67

Lorsque le contrat de vente implique un transport des marchandises et que le vendeur n'est pas tenu de les remettre en un lieu déterminé, les risques sont transférés à l'acheteur à partir de la remise des marchandises au premier transporteur pour transmission à l'acheteur conformément au contrat de vente.

Lorsque le vendeur est tenu de remettre les marchandises à un transporteur en un lieu déterminé, les risques ne sont pas transférés à l'acheteur tant que les marchandises n'ont pas été remises au transporteur en ce lieu.

Le fait que le vendeur soit autorisé à conserver les documents représentatifs des marchandises n'affecte pas le transfert des risques.

Cependant, les risques ne sont pas transférés à l'acheteur tant que les marchandises n'ont pas été clairement identifiées aux fins du contrat, que ce soit par l'apposition d'un signe distinctif sur les marchandises, par les documents de transport, par un avis donné à l'acheteur ou par tout autre moyen.

Art. 68

En ce qui concerne les marchandises vendues en cours de transport, les risques sont transférés à l'acheteur à partir du moment où le contrat est conclu. Toutefois, si les circonstances l'impliquent, les risques sont à la charge de l'acheteur à compter du moment où les marchandises ont été remises au transporteur qui a émis les documents constatant le contrat de transport.

Néanmoins, si, au moment de la conclusion du contrat de vente, le vendeur avait connaissance ou aurait dû avoir connaissance du fait que les marchandises avaient péri ou avaient été détériorées et qu'il n'en a pas informé l'acheteur, la perte ou la détérioration est à la charge du vendeur.

Art. 69

Dans les cas non visés par les articles 67 et 68, les risques sont transférés à l'acheteur lorsqu'il retire les marchandises ou, s'il ne le fait pas en temps voulu, à partir du moment où les marchandises sont mises à sa disposition et où il commet une contravention au contrat en n'en prenant pas livraison.

Cependant, si l'acheteur est tenu de retirer les marchandises en un lieu autre qu'un établissement du vendeur, les risques sont transférés lorsque la livraison est due et que l'acheteur sait que les marchandises sont mises à sa disposition en ce lieu.

Si la vente porte sur des marchandises non encore individualisées, les marchandises ne sont réputées avoir été mises à la disposition de l'acheteur que lorsqu'elles ont été clairement identifiées aux fins du contrat.

Art. 70

Si le vendeur a commis une contravention essentielle au contrat, les dispositions des articles 67, 68 et 69 ne portent pas atteinte aux moyens dont l'acheteur dispose en raison de cette contravention.

Dispositions communes aux obligations du vendeur et de l'acheteur

Contravention anticipée et contrats à livraisons successives

Art. 71

Une partie peut différer l'exécution de ses obligations lorsqu'il apparaît, après la conclusion du contrat, que l'autre partie n'exécutera pas une partie essentielle de ses obligations du fait :

➤ d'une grave insuffisance dans la capacité d'exécution de cette partie ou dans sa solvabilité ; ou

➤ de la manière dont elle s'apprête à exécuter, ou exécute, le contrat.

Si le vendeur a déjà expédié les marchandises lorsque se révèlent les raisons prévues au paragraphe précédent, il peut s'opposer à ce que les marchandises soient remises à l'acheteur, même si celui-ci détient un document lui permettant de les obtenir. Le présent paragraphe ne concerne que les droits respectifs du vendeur et de l'acheteur sur les marchandises.

La partie qui diffère l'exécution, avant ou après l'expédition des marchandises, doit adresser immédiatement une notification à cet effet à l'autre partie, et elle doit procéder à l'exécution si l'autre partie donne des assurances suffisantes sur la bonne exécution de ses obligations.

Art. 72

Si, avant la date de l'exécution du contrat, il est manifeste qu'une partie commettra une contravention essentielle au contrat, l'autre partie peut déclarer celui-ci résolu.

Si elle dispose du temps nécessaire, la partie qui a l'intention de déclarer le contrat non résolu doit le notifier à l'autre partie dans des conditions raisonnables pour lui permettre de donner des assurances suffisantes quant à la bonne exécution de ses obligations.

Les dispositions du paragraphe précédent ne s'appliquent pas si l'autre partie a déclaré qu'elle n'exécuterait pas ses obligations.

Art. 73

Dans les contrats à livraisons successives, si l'inexécution par l'une des parties d'une obligation relative à une livraison constitue une contravention essentielle au contrat en ce qui concerne cette livraison, l'autre partie peut déclarer le contrat non résolu pour ladite livraison.

Si l'inexécution par l'une des parties d'une obligation relative à une livraison donne à l'autre partie de sérieuses raisons de penser qu'il y aura contravention essentielle au contrat en ce qui concerne des obligations futures, elle peut déclarer le contrat non résolu pour l'avenir, à condition de le faire dans un délai raisonnable.

L'acheteur qui déclare le contrat non résolu pour une livraison peut, en même temps, le déclarer non résolu pour les livraisons déjà reçues ou pour les livraisons futures si, en raison de leur connexité, ces livraisons ne peuvent être utilisées aux fins envisagées par les parties au moment de la conclusion du contrat.

Dommages-intérêts

Art. 74

Les dommages-intérêts pour une contravention au contrat commise par une partie sont égaux à la perte subie et au gain manqué par l'autre partie par suite de la contravention. Ces dommages-intérêts ne peuvent être supérieurs à la perte subie et au gain manqué que la partie en défaut avait prévu ou aurait dû prévoir au moment de la conclusion du contrat, en considérant les faits dont elle avait connaissance ou aurait dû avoir connaissance, comme étant des conséquences possibles de la contravention au contrat.

Art. 75

Lorsque le contrat est résolu et que, d'une manière raisonnable et dans un délai raisonnable après la résolution, l'acheteur a procédé à un achat de remplacement ou le vendeur à une vente compensatoire, la partie qui demande des dommages-intérêts peut obtenir la différence entre le prix du contrat et le prix de l'achat de remplacement ou de la vente compensatoire ainsi que tous autres dommages-intérêts qui peuvent être dus en vertu de l'article 74.

Art. 76

Lorsque le contrat est résolu et que les marchandises ont un prix courant, la partie qui demande des dommages-intérêts peut, si elle n'a pas procédé à un achat de remplacement ou à une vente compensatoire au titre de l'article 75, obtenir la différence entre le prix fixé dans le contrat et le prix courant au moment de la résolution ainsi que tous autres dommages-intérêts qui peuvent être dus au titre de l'article 74.

Néanmoins, si la partie qui demande des dommages-intérêts a déclaré le contrat non résolu, après avoir pris possession des marchandises, c'est le prix courant au moment de la prise de possession qui est applicable, et non pas le prix courant au moment de la non-résolution.

Aux fins du paragraphe précédent, le prix courant est celui du lieu où la livraison des marchandises aurait dû être effectuée ou, à défaut de prix courant en ce lieu, le prix courant pratiqué en un autre lieu qu'il apparaît raisonnable de prendre comme lieu de référence, en tenant compte des différences dans les frais de transport des marchandises.

Art. 77

La partie qui invoque la contravention au contrat doit prendre les mesures raisonnables eu égard aux circonstances, pour limiter la perte, y compris le gain manqué, résultant de la contravention. Si elle néglige de le faire, la partie en défaut peut demander une réduction des dommages-intérêts égale au montant de la perte qui aurait dû être évitée.

Intérêts

Art. 78

Si une partie ne paie pas le prix ou toute autre somme due, l'autre partie a droit à des intérêts sur cette somme, sans préjudice des dommages-intérêts qu'elle serait fondée à demander en vertu de l'article 74.

Exonération

Art. 79

Une partie n'est pas responsable de l'inexécution de l'une quelconque de ses obligations si elle prouve que cette inexécution est due à un empêchement indépendant de sa volonté et que l'on ne pouvait raisonnablement attendre d'elle qu'elle le prenne en considération au moment de la conclusion du contrat, qu'elle le prévienne ou le surmonte ou qu'elle en prévienne ou surmonte les conséquences.

Si l'inexécution par une partie est due à l'inexécution par un tiers qu'elle a chargé d'exécuter tout ou partie du contrat, cette partie n'est exonérée de sa responsabilité que dans le cas où elle l'est en vertu des dispositions du paragraphe précédent ; et où le tiers serait lui aussi exonéré si les dispositions de ce paragraphe lui étaient appliquées.

L'exonération prévue par le présent article produit effet pendant la durée de l'empêchement.

La partie qui n'a pas exécuté doit avertir l'autre partie de l'empêchement et de ses effets sur sa capacité d'exécuter. Si l'avertissement n'arrive pas à destination dans un délai raisonnable à partir du moment où la partie qui n'a pas exécuté a connu ou aurait dû connaître l'empêchement, celle-ci est tenue à des dommages-intérêts du fait de ce défaut de réception.

Les dispositions du présent article n'interdisent pas à une partie d'exercer tous ses droits autres, outre celui d'obtenir des dommages-intérêts en vertu de la présente Convention.

Art. 80

Une partie ne peut pas se prévaloir d'une inexécution par l'autre partie dans la mesure où cette inexécution est due à un acte ou à une omission de sa part.

Effets de la résolution

Art. 81

La résolution du contrat libère les deux parties de leurs obligations, sous réserve des dommages-intérêts qui peuvent être dus. Elle n'a pas d'effet sur les stipulations du contrat relatives au règlement des différends ou aux droits et obligations des parties en cas de non-résolution.

La partie qui a exécuté le contrat totalement ou partiellement peut réclamer restitution à l'autre partie de ce qu'elle a fourni ou payé en exécution du contrat. Si les deux parties sont tenues d'effectuer des restitutions, elles doivent y procéder simultanément.

Art. 82

L'acheteur perd le droit de déclarer le contrat non résolu ou d'exiger du vendeur la livraison de marchandises de remplacement s'il lui est impossible de restituer les marchandises dans un état sensiblement identique à celui dans lequel il les a reçues.

Le paragraphe précédent ne s'applique pas :

➤ si l'impossibilité de restituer les marchandises ou de les restituer dans un état sensiblement identique à celui dans lequel l'acheteur les a reçues n'est pas due à un acte ou à une omission de sa part ;

➤ si les marchandises ont péri ou sont détériorées, en totalité ou en partie, en conséquence de l'examen prescrit à l'article 38 ;

➤ si l'acheteur, avant le moment où il a constaté ou aurait dû constater le défaut de conformité, a vendu tout ou partie des marchandises dans le cadre d'une opération commerciale normale ou a consommé ou transformé tout ou partie des marchandises conformément à l'usage normal.

Art. 83

L'acheteur qui a perdu le droit de déclarer le contrat non résolu ou d'exiger du vendeur la livraison de marchandises de remplacement en vertu de l'article 82 conserve le droit de se prévaloir de tous les autres moyens qu'il tient du contrat et de la présente Convention.

Art. 84

Si le vendeur est tenu de restituer le prix, il doit aussi payer des intérêts sur le montant de ce prix à compter du jour du paiement.

L'acheteur doit au vendeur l'équivalent de tout profit qu'il a retiré des marchandises ou d'une partie de celles-ci :

➤ lorsqu'il doit les restituer en tout ou en partie ;

➤ lorsqu'il est dans l'impossibilité de restituer tout ou partie des marchandises ou de les restituer en tout ou en partie dans un état sensiblement identique à celui dans lequel il les a reçues et que, néanmoins, il a déclaré le contrat résolu ou a exigé du vendeur la livraison de marchandises de remplacement.

Conservation des marchandises

Art. 85

Lorsque l'acheteur tarde à prendre livraison des marchandises ou qu'il n'en paie pas le prix, alors que le paiement du prix et la livraison doivent se faire simultanément, le vendeur, s'il a les marchandises en sa possession ou sous son contrôle, doit prendre les mesures raisonnables, eu égard aux circonstances, pour en assurer la conservation. Il est fondé à les retenir jusqu'à ce qu'il ait obtenu de l'acheteur le remboursement de ses dépenses évaluées raisonnablement.

Art. 86

Si l'acheteur a reçu les marchandises et entend exercer tout droit de les refuser en vertu du contrat ou de la présente Convention, il doit prendre les mesures raisonnables, eu égard aux circonstances, pour en assurer la conservation. Il est fondé à les retenir jusqu'à ce qu'il ait obtenu du vendeur le remboursement de ses dépenses dites raisonnables.

Si les marchandises expédiées à l'acheteur ont été mises à sa disposition en leur lieu de destination et si l'acheteur exerce le droit de les refuser, il doit en prendre possession pour le compte du vendeur à condition de pouvoir le faire sans paiement du prix et sans inconvénients ou frais déraisonnables. Cette disposition ne s'applique pas si le vendeur est présent sur le lieu de destination ou s'il y a en ce lieu une personne ayant qualité pour prendre les marchandises en charge pour son compte. Les droits et obligations de l'acheteur qui prend possession des marchandises en vertu du présent paragraphe sont régis par le paragraphe précédent.

Art. 87

La partie qui est tenue de prendre des mesures pour assurer la conservation des marchandises peut les déposer dans les magasins d'un tiers aux frais de l'autre partie, à condition que les frais qui en résultent ne soient pas déraisonnables.

Art. 88

La partie qui doit assurer la conservation des marchandises conformément aux articles 85 ou 86 peut les vendre par tous moyens appropriés si l'autre partie a apporté un retard déraisonnable à prendre possession des marchandises ou à les reprendre ou à payer le prix ou les frais de leur conservation, sous réserve de notifier à cette autre partie, dans des conditions raisonnables, son intention de vendre.

Lorsque les marchandises sont sujettes à une détérioration rapide ou lorsque leur conservation entraînerait des frais déraisonnables, la partie qui est tenue d'assurer la conservation des marchandises conformément aux articles 85 ou 86 doit raisonnablement s'employer à les vendre. Dans la mesure du possible, elle doit notifier à l'autre partie son intention de vendre.

La partie qui vend les marchandises a le droit de retenir sur le produit de la vente un montant égal aux frais raisonnables de conservation et de vente des marchandises. Elle doit le surplus à l'autre partie.

Dispositions finales

Le secrétaire général de l'Organisation des Nations unies est désigné comme dépositaire de la présente Convention.

Fait à Vienne, le onze avril mil neuf cent quatre-vingt, en un seul original, dont les textes anglais, arabe, chinois, espagnol, français et russe sont également authentiques.

2. La Convention de Rome du 19 juin 1980

Elle détermine :
➤ La loi applicable au contrat.
➤ La loi décidée par les parties.
➤ La loi du pays où réside celui qui a obligation contractuelle.

Convention de Rome sur la loi applicable aux obligations contractuelles

Préambule

Les hautes parties contractantes au traité instituant la Communauté économique européenne, soucieuses de poursuivre, dans le domaine du droit international privé, l'œuvre d'unification juridique déjà entreprise dans la Communauté, notamment en matière de compétence judiciaire et d'exécution des jugements, désirant établir des règles uniformes concernant la loi applicable aux obligations contractuelles,
ONT CONVENU LES DISPOSITIONS QUI SUIVENT :

1. Champ d'application

Article 1. Champ d'application

1. Les dispositions de la présente convention sont applicables, dans les situations comportant un conflit de lois, aux obligations contractuelles.

2. Elles ne s'appliquent pas :

a) à l'état et à la capacité des personnes physiques, sous réserve de l'article 11 ;

b) aux obligations contractuelles concernant :

– les testaments et successions,

– les régimes matrimoniaux,

– les droits et devoirs découlant des relations de famille, de parenté, de mariage ou d'alliance, y compris les obligations alimentaires envers les enfants non légitimes ;

c) aux obligations nées de lettres de change, chèques, billets à ordre ainsi que d'autres instruments négociables, dans la mesure où les obligations nées de ces autres instruments dérivent de leur caractère négociable ;

d) aux conventions d'arbitrage et d'élection de for (« for intérieur » : « dans la conscience, au fond de soi-même ») ;

e) aux questions relevant du droit des sociétés, associations et personnes morales, telles que la constitution, la capacité juridique, le fonctionnement interne et la dissolution des sociétés, associations et personnes morales, ainsi que la responsabilité personnelle légale des associés et des organes pour les dettes de la société, association ou personne morale ;

f) à la question de savoir si un intermédiaire peut engager, envers les tiers, la personne pour le compte de laquelle il prétend agir ou si un organe d'une société, d'une association ou d'une personne morale peut engager, envers les tiers, cette société, association ou personne morale ;

g) à la constitution des trusts, aux relations qu'ils créent entre les constituants, les trustees et les bénéficiaires ;

h) à la preuve et à la procédure, sous réserve de l'article 14.

3. Les dispositions de la présente convention ne s'appliquent pas aux contrats d'assurance qui couvrent des risques situés dans les territoires des États membres de la Communauté économique européenne. Pour déterminer si un risque est situé dans ces territoires, le juge applique sa loi interne.

4. Le paragraphe précédent ne concerne pas les contrats de réassurance qui peuvent être internationaux.

Article 2. Caractère universel

La loi désignée par la présente convention s'applique même si cette loi est celle d'un État non contractant.

2. Règles uniformes

Article 3. Liberté de choix

1. Le contrat est régi par la loi choisie par les parties. Ce choix doit être exprès ou résulter de façon certaine des dispositions du contrat ou des circonstances de la cause. Par ce choix, les parties peuvent désigner la loi applicable à la totalité ou à une partie seulement de leur contrat.

2. Les parties peuvent convenir, à tout moment, de faire régir le contrat par une loi autre que celle qui le régissait auparavant soit en vertu d'un choix antérieur selon le présent article, soit en vertu d'autres dispositions de la présente convention. Toute modification quant à la détermination de la loi applicable, intervenue postérieurement à la conclusion du contrat, n'affecte pas la validité formelle du contrat au sens de l'article 9 et ne porte pas atteinte aux droits des tiers.

3. Le choix par les parties d'une loi étrangère, assorti ou non de celui d'un tribunal étranger, ne peut, lorsque tous les autres éléments de la situation sont localisés au moment de ce choix dans un seul pays, porter atteinte aux dispositions auxquelles la loi de ce pays ne permet pas de déroger par contrat, ci-après dénommées « dispositions impératives ».

4. L'existence et la validité du consentement des parties quant au choix de la loi applicable sont régies par les dispositions établies aux articles 8, 9 et 11.

Article 4. Loi applicable à défaut de choix

1. Dans la mesure où la loi applicable au contrat n'a pas été choisie conformément aux dispositions de l'article 3, le contrat est régi par la loi du pays avec lequel il présente les liens les plus étroits. Toutefois, si une partie du contrat est séparable du reste du contrat et présente un lien plus étroit avec un autre pays, il pourra être fait application, à titre exceptionnel, à cette partie du contrat de la loi de cet autre pays.

2. Sous réserve du paragraphe 5, il est présumé que le contrat présente les liens les plus étroits avec le pays où la partie qui doit fournir la prestation caractéristique a, au moment de la conclusion du contrat, sa résidence habituelle ou, s'il s'agit d'une société, association ou personne morale, son administration centrale. Toutefois, si le contrat est conclu dans l'exercice de l'activité professionnelle de cette partie, ce pays est celui où est situé son prin-

cipal établissement ou, si, selon le contrat, la prestation doit être fournie par un établissement autre que l'établissement principal, celui où est situé cet autre établissement.

3. Cependant les dispositions du paragraphe 2, dans la mesure où le contrat a pour objet un droit réel immobilier ou un droit d'utilisation d'un immeuble, il est présumé que le contrat présente les liens les plus étroits avec le pays où est situé l'immeuble.

4. Le contrat de transport de marchandises n'est pas soumis à la présomption du paragraphe 2. Dans ce contrat, si le pays dans lequel le transporteur a son établissement principal au moment de la conclusion du contrat est aussi celui dans lequel est situé le lieu de chargement ou de déchargement ou l'établissement principal de l'expéditeur, il est présumé que le contrat a les liens les plus étroits avec ce pays. Pour l'application du présent paragraphe, sont considérés comme contrats de transport de marchandises les contrats d'affrètement pour un seul voyage ou d'autres contrats lorsqu'ils ont principalement pour objet de réaliser un transport de marchandises.

5. L'application du paragraphe 2 est écartée lorsque la prestation caractéristique ne peut être déterminée. Les présomptions des paragraphes 2, 3 et 4 sont écartées lorsqu'il résulte de l'ensemble des circonstances que le contrat présente des liens plus étroits avec un autre pays.

Article 5. Contrats conclus par les consommateurs

1. Le présent article s'applique aux contrats ayant pour objet la fourniture d'objets mobiliers corporels ou de services à une personne, le consommateur, pour un usage pouvant être considéré comme étranger à son activité professionnelle, ainsi qu'aux contrats destinés au financement d'une telle fourniture.

2. Nonobstant les dispositions de l'article 3, le choix par les parties de la loi applicable ne peut avoir pour résultat de priver le consommateur de la protection que lui assurent les dispositions impératives de la loi du pays dans lequel il a sa résidence habituelle :

– si la conclusion du contrat a été précédée dans ce pays d'une proposition spécialement faite ou d'une publicité, et si le consommateur a accompli dans ce pays les actes nécessaires à la conclusion du contrat, ou

– si le cocontractant du consommateur ou son représentant a reçu la commande du consommateur dans ce pays, ou

– si le contrat est une vente de marchandises et que le consommateur se soit rendu de ce pays dans un pays étranger et y ait passé la commande, à la condition que le voyage ait été organisé par le vendeur dans le but d'inciter le consommateur à conclure une vente.

3. Nonobstant les dispositions de l'article 4 et à défaut de choix exercé conformément à l'article 3, ces contrats sont régis par la loi du pays dans lequel le consommateur a sa résidence habituelle, s'ils sont intervenus dans les circonstances décrites au paragraphe 2 du présent article.

4. Le présent article ne s'applique pas :

a) au contrat de transport ;

b) au contrat de fourniture de services lorsque les services dus au consommateur doivent être fournis exclusivement dans un pays autre que celui dans lequel il a sa résidence habituelle.

5. En dépit des dispositions du paragraphe 4, le présent article s'applique au contrat offrant pour un prix global des prestations combinées de transport et de logement.

Article 6. Contrat individuel de travail

1. En dépit des dispositions de l'article 3, dans le contrat de travail, le choix par les parties de la loi applicable ne peut avoir pour résultat de priver le travailleur de la protection que lui assurent les dispositions impératives de la loi qui serait applicable, à défaut de choix, en vertu du paragraphe 2 du présent article.

2. En dépit des dispositions de l'article 4 et à défaut de choix exercé conformément à l'article 3, le contrat de travail est régi :

a) par la loi du pays où le travailleur, en exécution du contrat, accomplit habituellement son travail, même s'il est détaché à titre temporaire dans un autre pays, ou

b) si le travailleur n'accomplit pas habituellement son travail dans un même pays, par la loi du pays où se trouve l'établissement qui a embauché le travailleur, à moins qu'il ne résulte de l'ensemble des circonstances que le contrat de travail présente des liens plus étroits avec un autre pays, auquel cas la loi de cet autre pays est applicable.

Article 7. Lois de police

1. Lors de l'application, en vertu de la présente convention, de la loi d'un pays déterminé, il pourra être donné effet aux dispositions impératives de la loi d'un autre pays avec lequel la situation présente un lien étroit, si et dans la mesure où, selon le droit de ce dernier pays, ces dispositions sont applicables quelle que soit la loi régissant le contrat. Pour décider si effet doit être donné à ces dispositions impératives, il sera tenu compte de leur nature et de leur objet ainsi que des conséquences qui découleraient de leur application ou de leur non-application.

2. Les dispositions de la présente convention ne pourront porter atteinte à l'application des règles de la loi du pays du juge qui régissent impérativement la situation quelle que soit la loi applicable au contrat.

Article 8. Consentement et validité au fond

1. L'existence et la validité du contrat ou d'une disposition de celui-ci sont soumises à la loi qui serait applicable en vertu de la présente convention si le contrat ou la disposition étaient valables.

2. Toutefois, pour établir qu'elle n'a pas consenti, une partie peut se référer à la loi du pays dans lequel elle a sa résidence habituelle s'il résulte des circonstances qu'il ne serait pas raisonnable de déterminer l'effet du comportement de cette partie d'après la loi prévue au paragraphe précédent.

Article 9. Forme

1. Un contrat conclu entre des personnes qui se trouvent dans un même pays est valable quant à la forme s'il satisfait aux conditions de forme de la loi qui le régit au fond, en vertu de la présente convention ou de la loi du pays dans lequel il a été conclu.

2. Un contrat conclu entre des personnes qui se trouvent dans des pays différents est valable quant à la forme s'il satisfait aux conditions de forme de la loi qui le régit au fond, en vertu de la présente convention ou de la loi d'un de ces pays.

3. Lorsque le contrat est conclu par un représentant, le pays où le représentant se trouve au moment où il agit est celui qui doit être pris en considération pour l'application des paragraphes 1 et 2.

4. Un acte juridique unilatéral relatif à un contrat conclu ou à conclure est valable quant à la forme s'il satisfait aux conditions de forme de la loi qui régit ou régirait au fond le contrat, en vertu de la présente convention ou de la loi du pays dans lequel cet acte est intervenu.

5. Les dispositions des paragraphes précédents ne s'appliquent pas aux contrats qui entrent dans le champ d'application de l'article 5, conclus dans les circonstances qui y sont décrites au paragraphe 2. La forme de ces contrats est régie par la loi du pays dans lequel le consommateur a sa résidence habituelle.

6. En dépit des dispositions des quatre premiers paragraphes du présent article, tout contrat ayant pour objet un droit réel immobilier ou un droit d'utilisation d'un immeuble est soumis aux règles de forme impératives de la loi du pays où l'immeuble est situé, pour autant que selon cette loi elles s'appliquent indépendamment du lieu de conclusion du contrat et de la loi régissant ce dernier au fond.

Article 10. Domaine de la loi du contrat

1. La loi applicable au contrat en vertu des articles 3 à 6 et de l'article 12 de la présente convention régit notamment :

a) son interprétation ;

b) l'exécution des obligations qu'il engendre ;

c) dans les limites des pouvoirs attribués au tribunal par sa loi de procédure, les conséquences de l'inexécution totale ou partielle de ces obligations, y compris l'évaluation du dommage dans la mesure où des règles de droit la gouvernent ;

d) les divers modes d'extinction des obligations, ainsi que les prescriptions et déchéances fondées sur l'expiration d'un délai ;

e) les conséquences de la nullité du contrat.

2. En ce qui concerne les modalités d'exécution et les mesures à prendre par le créancier en cas de défaut dans l'exécution, on aura égard à la loi du pays où l'exécution a lieu.

Article 11. Incapacité

Dans un contrat conclu entre personnes se trouvant dans un même pays, une personne physique qui serait capable selon la loi de ce pays ne peut invoquer son incapacité résultant d'une autre loi que si, au moment de la conclusion du contrat, le cocontractant a connu cette incapacité ou ne l'a ignorée qu'en raison d'une imprudence de sa part.

Article 12. Cession de créance

1. Les obligations entre le cédant et le cessionnaire d'une créance sont régies par la loi qui, en vertu de la présente convention, s'applique au contrat qui les lie.

2. La loi qui régit la créance cédée détermine le caractère cessible de celle-ci, les rapports entre cessionnaire et débiteur, les conditions d'opposabilité de la cession au débiteur et le caractère libératoire de la prestation faite par le débiteur.

Article 13. Subrogation

1. Lorsque, en vertu d'un contrat, une personne, le créancier, a des droits à l'égard d'une autre personne, le débiteur, et qu'un tiers a l'obligation de désintéresser le créancier ou encore que le tiers a désintéressé le créancier en exécution de cette obligation, la

loi applicable à cette obligation du tiers détermine si celui-ci peut exercer en tout ou en partie les droits détenus par le créancier contre le débiteur selon la loi régissant leurs relations.

2. La même règle s'applique lorsque plusieurs personnes sont tenues de la même obligation contractuelle et que le créancier a été désintéressé par l'une d'elles.

Article 14. Preuve

1. La loi régissant le contrat en vertu de la présente convention s'applique dans la mesure où, en matière d'obligations contractuelles, elle établit des présomptions légales ou répartit la charge de la preuve.

2. Les actes juridiques peuvent être prouvés par tout mode de preuve admis soit par la loi du for, soit par l'une des lois visées à l'article 9, selon laquelle l'acte est valable quant à la forme, pour autant que la preuve puisse être administrée selon ce mode devant le tribunal saisi.

Article 15. Exclusion du renvoi

Lorsque la présente convention prescrit l'application de la loi d'un pays, elle entend les règles de droit en vigueur dans ce pays à l'exclusion des règles de droit international privé.

Article 16. Ordre public

L'application d'une disposition de la loi désignée par la présente convention ne peut être écartée que si cette application est manifestement incompatible avec l'ordre public du for (« for intérieur »).

Article 17. Application dans le temps

La convention s'applique dans un État contractant aux contrats conclus après son entrée en vigueur pour cet État.

Article 18. Interprétation uniforme

Aux fins de l'interprétation et de l'application des règles uniformes qui précèdent, il sera tenu compte de leur caractère international et de l'opportunité de parvenir à l'uniformité dans la façon dont elles sont interprétées et appliquées.

Article 19. Systèmes non unifiés

1. Lorsqu'un État comprend plusieurs unités territoriales dont chacune a ses propres règles en matière d'obligations contractuelles, chaque unité territoriale est considérée comme un pays aux fins de la détermination de la loi applicable selon la présente convention.

2. Un État dans lequel différentes unités territoriales ont leurs propres règles de droit en matière d'obligations contractuelles ne sera pas tenu d'appliquer la présente convention aux conflits de lois intéressant uniquement ces unités territoriales.

Article 20. Priorité du droit communautaire

La présente convention ne préjuge pas l'application des dispositions qui, dans des matières particulières, règlent les conflits de lois en matière d'obligations contractuelles et qui sont ou seront contenues dans les actes émanant des institutions des Communautés européennes ou dans les législations nationales harmonisées en exécution de ces actes.

Article 21. Relations avec d'autres conventions

La présente convention ne porte pas atteinte à l'application des conventions internationales auxquelles un État contractant est ou sera partie.

Article 22. Réserves

1. Tout État contractant, au moment de la signature, de la ratification, de l'acceptation ou de l'approbation, pourra se réserver le droit de ne pas appliquer :

a) l'article 7, paragraphe 1 ;

b) l'article 10, paragraphe 1 point e).

2. Tout État contractant pourra à tout moment retirer une réserve qu'il aura faite ; l'effet de la réserve cessera le premier jour du troisième mois du calendrier après la notification du retrait.

La présente convention, rédigée en un exemplaire unique en langue allemande, anglaise, danoise, française, irlandaise, italienne et néerlandaise, ces textes faisant également foi, est déposée dans les archives du secrétariat général du Conseil des Communautés européennes. Le secrétaire général en a remis une copie certifiée conforme à chacun des gouvernements des États signataires.

3. La Convention de Bruxelles de 1968

Elle détermine :
➤ la compétence judiciaire,
➤ l'exécution des décisions en matière civile et commerciale.

Version consolidée (*Journal officiel* n° L 299 du 31.12.1972).

Article 1

La présente Convention s'applique en matière civile et commerciale et quelle que soit la nature de la juridiction.

Sont exclus de son application :

1.l'état et la capacité des personnes physiques, les régimes matrimoniaux, les testaments et les successions ;

2.les faillites, concordats et autres procédures analogues ;

3.la sécurité sociale ;

4.l'arbitrage.

5.l'état et la capacité des personnes physiques, les régimes matrimoniaux, les testaments et les successions ;

6.les faillites, concordats et autres procédures analogues ;

7.la sécurité sociale ;

8.l'arbitrage.

Article 2

Sous réserve des dispositions de la présente Convention, les personnes domiciliées sur le territoire d'un État contractant sont attraites (assignées ou citées devant un tribunal), quelle que soit leur nationalité, devant les juridictions de cet État.

Les personnes qui ne possèdent pas la nationalité de l'État dans lequel elles sont domiciliées y sont soumises aux règles de compétence applicables aux nationaux.

Article 3

Les personnes domiciliées sur le territoire d'un État contractant ne peuvent être attraitées devant les tribunaux d'un autre État contractant qu'en vertu des règles énoncées aux sections 2 à 6 du présent titre.

Ne peuvent être invoqués contre elles, notamment :

– en Belgique : l'article 15 du Code civil, et les dispositions des articles 52, 52 *bis* et 53 de la loi du 25 mars 1876 sur la compétence ;

– en République fédérale d'Allemagne : l'article 23 du Code de procédure civile ;

– en France : les articles 14 et 15 du Code civil ;

– en Italie : les articles 2 et 4, n°s 1 et 2 du Code de procédure civile ;

– au Luxembourg : les articles 14 et 15 du Code civil ;

– aux Pays-Bas : l'article 126 troisième alinéa et l'article 127 du Code de procédure civile.

Article 4

Si le défendeur n'est pas domicilié sur le territoire d'un État contractant, la compétence est, dans chaque État contractant, réglée par la loi de cet État, sous réserve de l'application des dispositions de l'article 16.

Toute personne, quelle que soit sa nationalité, domiciliée sur le territoire d'un État contractant, peut, comme les nationaux, y invoquer contre ce défendeur les règles de compétence qui y sont en vigueur et notamment celles prévues à l'article 3 deuxième alinéa.

Compétences spéciales

Article 5

Le défendeur domicilié sur le territoire d'un État contractant peut être attrait dans un autre État contractant :

1. en matière contractuelle, devant le tribunal du lieu où l'obligation a été ou doit être exécutée ;

2. en matière d'obligation alimentaire, devant le tribunal du lieu où le créancier d'aliments a son domicile ou sa résidence habituelle ;

3. en matière délictuelle ou quasi délictuelle, devant le tribunal du lieu où le fait dommageable s'est produit ;

4. s'il s'agit d'une action en réparation de dommage ou d'une action en restitution fondée sur une infraction, devant le tribunal saisi de l'action publique, dans la mesure où, selon sa loi, ce tribunal peut connaître de l'action civile ;

5. s'il s'agit d'une contestation relative à l'exploitation d'une succursale, d'une agence ou de tout autre établissement, devant le tribunal du lieu de leur situation.

Article 6

Ce même défendeur peut aussi être attrait :

1. s'il y a plusieurs défendeurs, devant le tribunal du domicile de l'un d'eux ;

2. s'il s'agit d'une demande en garantie ou d'une demande en intervention, devant le tribunal saisi de la demande originaire, à moins qu'elle n'ait été formée que pour traduire hors de son tribunal celui qui a été appelé ;

3. s'il s'agit d'une demande reconventionnelle qui dérive du contrat ou du fait sur lequel est fondée la demande originaire, devant le tribunal saisi de celle-ci.

Compétence en matière d'assurances

Article 7

En matière d'assurances, la compétence est déterminée, sans préjudice des dispositions des articles 4 et 5 n° 5.

Article 8

L'assureur domicilié sur le territoire d'un État contractant peut être attrait, soit devant les tribunaux de cet État, soit, dans un autre État contractant, devant le tribunal du lieu où est domicilié le preneur d'assurances, soit, si plusieurs assureurs sont défendeurs, devant les tribunaux de l'État contractant où l'un d'eux a son domicile.

© Éditions d'Organisation

Si la loi du juge saisi prévoit cette compétence, l'assureur peut également être attrait, dans un État contractant autre que celui de son domicile, devant le tribunal dans le ressort duquel l'intermédiaire, qui est intervenu pour la conclusion du contrat d'assurance, a son domicile, à la condition que ce domicile soit mentionné dans la police ou dans la proposition d'assurances.

L'assureur, qui sans avoir son domicile sur le territoire d'un État contractant, possède une succursale ou une agence dans un de ces États, est considéré pour les contestations relatives à l'exploitation de cette succursale ou agence comme ayant son domicile sur le territoire de cet État.

Article 9

L'assureur peut, en outre, être attrait devant le tribunal du lieu où le fait dommageable s'est produit s'il s'agit d'assurances de responsabilité ou d'assurances portant sur des immeubles. Il en est de même si l'assurance porte à la fois sur des immeubles et des meubles couverts par une même police et atteints par le même sinistre.

Article 10

En matière d'assurances de responsabilité, l'assureur peut également être appelé devant le tribunal saisi de l'action de la personne lésée contre l'assuré si la loi de ce tribunal le permet.

Les dispositions des articles 7, 8 et 9 sont applicables en cas d'action directe intentée par la victime contre l'assureur lorsque l'action directe est possible. Si la loi relative à cette action directe prévoit la mise en cause du preneur d'assurance ou de l'assuré, le même tribunal sera aussi compétent à leur égard.

Article 11

Sous réserve des dispositions de l'article 10 troisième alinéa, l'action de l'assureur ne peut être portée que devant les tribunaux de l'État contractant sur le territoire duquel est domicilié le défendeur, qu'il soit preneur d'assurances, assuré ou bénéficiaire. Les dispositions de la présente section ne portent pas atteinte au droit d'introduire une demande reconventionnelle devant le tribunal saisi d'une demande originaire conformément à la présente section.

Article 12

Il ne peut être dérogé aux dispositions de la présente section que par des conventions :

– postérieures à la naissance du différend ou qui permettent au preneur d'assurances, à l'assuré ou au bénéficiaire de saisir d'autres tribunaux que ceux indiqués à la présente section ou qui, conclues entre un preneur d'assurances et un assureur ayant leur domicile dans un même État contractant, ont pour effet, alors même que le fait dommageable se produirait à l'étranger, d'attribuer compétence aux tribunaux de cet État sauf si la loi de celui-ci interdit de telles conventions.

Compétence en matière de vente et prêt à tempérament

Article 13

En matière de vente à tempérament d'objets mobiliers corporels ou de prêt à tempérament directement lié au financement d'une vente de tels objets, la compétence est déterminée par la présente section sans préjudice des dispositions de l'article 4 et de l'article 5 n° 5.

Article 14

Le vendeur et le prêteur domiciliés sur le territoire d'un État contractant peuvent être attraits, soit devant les tribunaux de cet État, soit devant les tribunaux de l'État contractant sur le territoire duquel est domicilié l'acheteur ou l'emprunteur. L'action du vendeur contre l'acheteur et celle du prêteur contre l'emprunteur ne peut être portée que devant les tribunaux de l'État sur le territoire duquel le défendeur a son domicile.

Ces dispositions ne portent pas atteinte au droit d'introduire une demande reconventionnelle devant le tribunal saisi d'une demande originaire conformément à la présente section.

Article 15

Il ne peut être dérogé aux dispositions de la présente section que par des conventions postérieures à la naissance du différend ou qui permettent à l'acheteur ou à l'emprunteur de saisir d'autres tribunaux que ceux indiqués à la présente section ou qui, conclues entre l'acheteur et le vendeur ou entre l'emprunteur et le prêteur ayant leur domicile ou leur résidence habituelle dans un même État contractant, attribuent compétence aux tribunaux de cet État sauf si la loi de celui-ci interdit de telles conventions.

Compétences exclusives

Article 16

Sont seuls compétents, sans considération de domicile :

1. en matière de droits réels immobiliers et de baux d'immeubles, les tribunaux de l'État contractant ;

2. en matière de validité, de nullité ou de dissolution des sociétés ou personnes morales ayant leur siège sur le territoire d'un État contractant, ou des décisions de leurs organes, les tribunaux de cet État ;

3. en matière de validité des inscriptions sur les registres publics, les tribunaux de l'État contractant sur le territoire duquel ces registres sont tenus ;

4. en matière d'inscription ou de validité des brevets, marques, dessins et modèles, et autres droits analogues donnant lieu à un dépôt ou à un enregistrement, les juridictions de l'État contractant sur le territoire duquel le dépôt ou l'enregistrement a été demandé, a été effectué ou est réputé avoir été effectué aux termes d'une convention internationale ;

5. en matière d'exécution des décisions, les tribunaux de l'État contractant du lieu de l'exécution.

Prorogation de compétence

Article 17

Si, par une convention écrite ou par une convention verbale confirmée par écrit, les parties, dont une au moins a son domicile sur le territoire d'un État contractant, ont désigné un tribunal ou les tribunaux d'un État contractant pour connaître des différends nés ou à naître à l'occasion d'un rapport de droit déterminé, ce tribunal ou les tribunaux de cet État sont seuls compétents.

Les conventions attributives de juridiction sont sans effet si elles sont contraires aux dispositions des articles 12 et 15 ou si les tribunaux à la compétence desquels elles dérogent sont exclusivement compétents en vertu de l'article 16.

Si la convention attributive de juridiction n'a été stipulée qu'en faveur d'une des parties, celle-ci conserve le droit de saisir tout autre tribunal compétent en vertu de la présente Convention.

Article 18

Outre les cas où sa compétence résulte d'autres dispositions de la présente Convention, le juge d'un État contractant devant lequel le défendeur comparaît est compétent. Cette règle n'est pas applicable si la comparution a pour objet de contester la compétence ou s'il existe une autre juridiction exclusivement compétente en vertu de l'article 16.

Vérification de la compétence et de la recevabilité

Article 19

Le juge d'un État contractant, saisi à titre principal d'un litige pour lequel une juridiction d'un autre État contractant est exclusivement compétente en vertu de l'article 16, se déclare d'office incompétent.

Article 20

Lorsque le défendeur domicilié sur le territoire d'un État contractant est attrait devant une juridiction d'un autre État contractant et ne comparaît pas, le juge se déclare d'office incompétent si sa compétence n'est pas fondée aux termes de la présente Convention.

Le juge est tenu de surseoir à statuer aussi longtemps qu'il n'est pas établi que ce défendeur a été mis à même de recevoir l'acte introductif d'instance en temps utile pour se défendre ou que toute diligence a été faite à cette fin.

Les dispositions de l'alinéa précédent seront remplacées par celles de l'article 15 de la Convention de La Haye du 15 novembre 1965 relative à la signification et à la notification à l'étranger des actes judiciaires et extra-judiciaires en matière civile ou commerciale, si l'acte introductif d'instance a dû être transmis en exécution de cette Convention.

Litispendance et connexité

Article 21

Lorsque les demandes ayant le même objet et la même cause sont formées entre les mêmes parties devant des juridictions d'États contractants différents, la juridiction saisie en second lieu doit, même d'office, se dessaisir en faveur du tribunal saisi en premier lieu.

La juridiction qui devrait se dessaisir peut surseoir à statuer si la compétence de l'autre juridiction est contestée.

Article 22

Lorsque des demandes connexes sont formées devant des juridictions d'États contractants différents et sont dépendantes au premier degré, la juridiction saisie en second lieu peut surseoir à statuer.

Cette juridiction peut également se dessaisir, à la demande d'une des parties, à condition que sa loi permette la jonction d'affaires connexes et que le tribunal premier saisi soit compétent pour connaître des deux demandes.

Sont connexes, au sens du présent article, les demandes liées entre elles par un rapport si étroit qu'il y a intérêt à les instruire et à juger en même temps afin d'éviter des solutions qui pourraient être inconciliables si les causes étaient jugées séparément.

Article 23

Lorsque les demandes relèvent de la compétence exclusive de plusieurs juridictions, le dessaisissement a lieu en faveur de la juridiction première saisie.

Mesures provisoires et conservatoires

Article 24

Les mesures provisoires ou conservatoires prévues par la loi d'un État contractant peuvent être demandées aux autorités judiciaires de cet État, même si, en vertu de la présente Convention, une juridiction d'un autre État contractant est compétente pour connaître du fond.

Reconnaissance et exécution

Article 25

On entend par décision, au sens de la présente Convention, toute décision rendue par une juridiction d'un État contractant quelle que soit la dénomination qui lui est donnée, telle qu'arrêt, jugement, ordonnance ou mandat d'exécution, ainsi que la fixation par le greffier du montant des frais du procès.

Reconnaissance

Article 26

Les décisions rendues dans un État contractant sont reconnues dans les autres États contractants, sans qu'il soit nécessaire de recourir à aucune procédure.

En cas de contestation, toute partie intéressée qui invoque la reconnaissance à titre principal peut faire constater, selon la procédure prévue aux sections 2 et 3 du présent titre, que la décision doit être reconnue. Si la reconnaissance est invoquée de façon incidente devant une juridiction d'un État contractant, celle-ci est compétente pour en connaître le contenu.

Article 27

Les décisions ne sont pas reconnues :

1. si la reconnaissance est contraire à l'ordre public de l'État requis ;

2. si l'acte introductif d'instance n'a pas été signifié ou notifié au défendeur défaillant, régulièrement et en temps utile, pour qu'il puisse se défendre ;

3. si la décision est inconciliable avec une décision rendue entre les mêmes parties dans l'État requis ;

4. si le tribunal de l'État d'origine, pour rendre sa décision, a, en tranchant une question relative à l'état ou à la capacité des personnes physiques, aux régimes matrimoniaux,

aux testaments et aux successions, méconnu une règle de droit international privé de l'État requis, à moins que sa décision n'aboutisse au même résultat que s'il avait fait application des règles du droit international privé de l'État requis.

Article 28

De même, les décisions ne sont pas reconnues si les dispositions des sections 3, 4 et 5 du titre II ont été méconnues ainsi que dans le cas prévu à l'article 59. Lors de l'appréciation des compétences mentionnées à l'alinéa précédent, l'autorité requise est liée par les constatations de fait sur lesquelles la juridiction de l'État d'origine a fondé sa compétence.

Sans préjudice des dispositions du premier alinéa, il ne peut être procédé au contrôle de la compétence des juridictions de l'État d'origine ; les règles relatives à la compétence ne concernent pas l'ordre public visé à l'article 27 n° 1.

Article 29

En aucun cas, la décision étrangère ne peut faire l'objet d'une révision au fond.

Article 30

L'autorité judiciaire d'un État contractant, devant laquelle est invoquée la reconnaissance d'une décision rendue dans un autre État contractant, peut surseoir à statuer si cette décision fait l'objet d'un recours ordinaire.

Exécution

Article 31

Les décisions rendues dans un État contractant et qui y sont exécutoires sont mises à exécution dans un autre État contractant après y avoir été revêtues de la formule exécutoire sur requête de toute partie intéressée.

Article 32

La requête est présentée :
– en Belgique, au tribunal de première instance ou à la « rechtbank van eerste aanleg » ;
– dans la République fédérale d'Allemagne, au président d'une chambre du « Landgericht » ;
– en France, au président du Tribunal de grande instance ;
– en Italie, à la « corte d'appello » ;
– au Luxembourg, au président du tribunal d'arrondissement ;
– aux Pays-Bas, au président de l'« Arrondissementsrechtbank ».

La juridiction territorialement compétente est déterminée par le domicile de la partie contre laquelle l'exécution est demandée. Si cette partie n'est pas domiciliée sur le territoire de l'État requis, la compétence est déterminée par le lieu de l'exécution.

Article 33

Les modalités du dépôt de la requête sont déterminées par la loi de l'État requis. Le requérant doit faire élection de domicile dans le ressort de la juridiction saisie. Toutefois, si la loi de l'État requis ne connaît pas l'élection de domicile, le requérant désigne un mandataire *ad litem*.

Les documents mentionnés aux articles 46 et 47 sont joints à la requête.

Article 34

La juridiction saisie de la requête statue à bref délai, sans que la partie contre laquelle l'exécution est demandée puisse, en cet état de la procédure, présenter d'observation.

La requête ne peut être rejetée que pour l'un des motifs prévus aux articles 27 et 28.

En aucun cas, la décision étrangère ne peut faire l'objet d'une révision au fond.

Article 35

La décision rendue sur enquête est aussitôt portée à la connaissance du requérant, à la diligence du greffier, selon les modalités déterminées par la loi de l'État requis.

Article 36

Si l'exécution est autorisée, la partie contre laquelle l'exécution est demandée peut former un recours contre la décision dans le mois de sa signification.

Si cette partie est domiciliée dans un État contractant autre que celui où la décision qui autorise l'exécution a été rendue, le délai est de deux mois et court du jour où la signification a été faite à personne ou à domicile. Ce délai ne comporte pas de prorogation à raison de la distance.

Article 37

Le recours est porté, selon les règles de la procédure contradictoire :
– en Belgique, devant le tribunal de première instance ou la « rechtbank van eerste aanleg » ;
– en République fédérale d'Allemagne, devant l'« Oberlandesgericht » ;
– en France, devant la Cour d'appel ;
– en Italie, devant la « corte d'appello » ;
– au Luxembourg, devant la Cour supérieure de justice siégeant en matière d'appel civil ;
– aux Pays-Bas, devant l'« Arrondissementsrechtbank ».

La décision rendue sur le recours ne peut faire l'objet que d'un pourvoi en cassation, et, en République fédérale d'Allemagne, d'une « Rechtsbeschwerde ».

Article 38

La juridiction saisie du recours peut, à la requête de la partie qui l'a formé, surseoir à statuer si la décision étrangère fait, dans l'État d'origine, l'objet d'un recours ordinaire ou si le délai pour le former n'est pas expiré ; dans ce dernier cas, la juridiction peut impartir un délai pour former ce recours.

Cette juridiction peut également subordonner l'exécution à la constitution d'une garantie qu'elle détermine.

Article 39

Pendant le délai du recours prévu à l'article 36 et jusqu'à ce qu'il ait été statué sur celui-ci, il ne peut être procédé qu'à des mesures conservatoires sur les biens de la partie contre laquelle l'exécution est demandée.

La décision qui accorde l'exécution emporte l'autorisation de procéder à ces mesures.

Article 40

Si sa requête est rejetée, le requérant peut former un recours :
- en Belgique, devant la Cour d'appel ou le « Hof van Beroep » ;
- en République fédérale d'Allemagne, devant l'« Oberlandesgericht » ;
- en France, devant la Cour d'appel ;
- en Italie, devant la « corte d'appello » ;
- au Luxembourg, devant la Cour supérieure de justice siégeant en matière d'appel civil ;
- aux Pays-Bas, devant la « Gerechtshof ».

La partie contre laquelle l'exécution est demandée est appelée à comparaître devant la juridiction saisie du recours. En cas de défaut, les dispositions de l'article 20 deuxième et troisième alinéas sont applicables, alors même que cette partie n'est pas domiciliée sur le territoire d'un des États contractants.

Article 41

La décision rendue sur le recours prévu à l'article 40 ne peut faire l'objet que d'un pourvoi en cassation et, en République fédérale d'Allemagne, d'une « Rechtsbeschwerde ».

Article 42

Lorsque la décision étrangère a statué sur plusieurs chefs de la demande et que l'exécution ne peut être autorisée pour le tout, l'autorité judiciaire accorde l'exécution pour un ou plusieurs d'entre eux.

Le requérant peut demander une exécution partielle.

Article 43

Les décisions étrangères condamnant à une astreinte ne sont exécutoires dans l'État requis que si le montant en a été définitivement fixé par les tribunaux de l'État d'origine.

Article 44

Le requérant admis à l'assistance judiciaire dans l'État où la décision a été rendue en bénéficie, sans nouvel examen, dans la procédure prévue aux articles 32 à 35.

Article 45

Aucune caution ni aucun dépôt, sous quelque dénomination que ce soit, ne peut être imposé en raison, soit de la qualité d'étranger, soit du défaut de domicile ou de résidence dans le pays, à la partie qui demande l'exécution dans un État contractant d'une décision rendue dans un autre État contractant.

Dispositions communes

Article 46

La partie qui invoque la reconnaissance ou demande l'exécution d'une décision doit produire :
1. une expédition de celle-ci réunissant les conditions nécessaires à son authenticité ;
2. s'il s'agit d'une décision par défaut, l'original ou une copie certifiée conforme du document établissant que l'acte introductif d'instance a été signifié ou notifié à la partie défaillante.

Article 47
La partie qui demande l'exécution doit, en outre, produire :
1. tout document de nature à établir que, selon la loi de l'État d'origine, la décision est exécutoire et a été signifiée ;
2. s'il y a lieu, un document justifiant que le requérant bénéfice de l'assistance judiciaire dans l'État d'origine.

Article 48
À défaut de production des documents mentionnés à l'article 46 n° 2 et à l'article 47 n° 2, l'autorité judiciaire peut impartir un délai pour les produire ou accepter des documents équivalents ou, si elle s'estime suffisamment éclairée, en dispenser. Il est produit une traduction des documents si l'autorité judiciaire l'exige ; la traduction est certifiée par une personne habilitée à cet effet dans l'un des États contractants.

Article 49
Aucune légalisation ni formalité analogue n'est exigée en ce qui concerne les documents mentionnés aux articles 46, 47 et à l'article 48 deuxième alinéa, ainsi que, le cas échéant, la procuration *ad litem*.

ACTES AUTHENTIQUES ET TRANSACTIONS JUDICIAIRES

Article 50
Les actes authentiques reçus et exécutoires dans un État contractant sont, sur requête, revêtus de la formule exécutoire dans un autre État contractant, conformément à la procédure prévue aux articles 31 et suivants. La requête ne peut être rejetée que si l'exécution de l'acte authentique est contraire à l'ordre public de l'État requis. L'acte produit doit réunir les conditions nécessaires à son authenticité dans l'État d'origine.

Article 51
Les transactions conclues devant le juge au cours d'un procès et exécutoire dans l'État d'origine sont exécutoires dans l'État requis aux mêmes conditions

DISPOSITIONS GÉNÉRALES

Article 52
Pour déterminer si une partie a un domicile sur le territoire de l'État contractant dont les tribunaux sont saisis, le juge applique sa loi interne.

Lorsqu'une partie n'a pas de domicile dans l'État dont les tribunaux sont saisis, le juge, pour déterminer si elle a un domicile dans un autre État contractant, applique la loi de cet État.

Toutefois, pour déterminer le domicile d'une partie, il est fait application de sa loi nationale si, selon celle-ci, son domicile dépend de celui d'une autre personne ou du siège d'une autorité.

Article 53
Le siège des sociétés et des personnes morales est assimilé au domicile pour l'application de la présente Convention. Toutefois, pour déterminer ce siège, le juge saisi applique les règles de son droit international privé.

DISPOSITIONS TRANSITOIRES

Article 54

Les dispositions de la présente Convention ne sont applicables qu'aux actions judiciaires intentées et aux actes authentiques reçus postérieurement à son entrée en vigueur.

Toutefois, les décisions rendues après la date d'entrée en vigueur de la présente Convention à la suite d'actions intentées avant cette date sont reconnues et exécutées, conformément aux dispositions du titre III, si les règles de compétence appliquées sont conformes à celles prévues soit par le titre II, soit par une convention qui était en vigueur entre l'État d'origine et l'État requis lorsque l'action a été intentée.

RELATIONS AVEC LES AUTRES CONVENTIONS

Article 55

Sans préjudice des dispositions de l'article 54 deuxième alinéa, et de l'article 56, la présente Convention remplace entre les États qui y sont parties les conventions conclues entre deux ou plusieurs de ces États, à savoir :

– la convention entre la Belgique et la France sur la compétence judiciaire, sur l'autorité et l'exécution des décisions judiciaires, des sentences arbitrales et des actes authentiques, signée à Paris le 8 juillet 1899 ;

– la convention entre la Belgique et les Pays-Bas sur la compétence judiciaire territoriale, sur la faillite, ainsi que sur l'autorité et l'exécution des décisions judiciaires, des sentences arbitrales et des actes authentiques, signée à Bruxelles le 28 mars 1925 ;

– la convention entre la France et l'Italie, sur l'exécution des jugements en matière civile et commerciale, signée à Rome le 3 juin 1930 ;

– la convention entre l'Allemagne et l'Italie sur la reconnaissance et l'exécution des décisions judiciaires en matière civile et commerciale, signée à Rome le 9 mars 1936 ; – la convention entre la République fédérale d'Allemagne et le royaume de Belgique concernant la reconnaissance et l'exécution réciproques en matière civile et commerciale, des décisions judiciaires, sentences arbitrales et actes authentiques, signée à Bonn le 30 juin 1958 ;

– la convention entre le royaume des Pays-Bas et la République italienne sur la reconnaissance et l'exécution des décisions judiciaires en matière civile et commerciale, signée à Rome le 17 avril 1959 ;

– la convention entre le royaume de Belgique et la République italienne concernant la reconnaissance et l'exécution des décisions judiciaires et d'autres titres exécutoires en matière civile et commerciale, signée à Rome le 6 avril 1962 ;

– la convention entre le royaume des Pays-Bas et la République fédérale d'Allemagne sur la reconnaissance et l'exécution mutuelle des décisions judiciaires et autres titres exécutoires en matière civile et commerciale, signée à La Haye le 30 août 1962, et pour autant qu'il est en vigueur :

– le traité entre la Belgique, les Pays-Bas et le Luxembourg sur la compétence judiciaire, sur la faillite, sur l'autorité et l'exécution des décisions judiciaires, des sentences arbitrales et des actes authentiques, signé à Bruxelles le 24 novembre 1961.

Article 56

Le traité et les conventions mentionnés à l'article 55 continuent à produire leurs effets dans les matières auxquelles la présente Convention n'est pas applicable.

Ils continuent à produire leurs effets en ce qui concerne les décisions rendues et les actes reçus avant l'entrée en vigueur de la présente Convention.

Article 57

La présente Convention ne déroge pas aux conventions auxquelles les États contractants sont ou seront parties et qui, dans des matières particulières, règlent la compétence judiciaire, la reconnaissance et l'exécution des décisions.

Article 58

Les dispositions de la présente Convention ne portent pas préjudice aux droits reconnus aux ressortissants suisses par la convention conclue, le 15 juin 1869, entre la France et la Confédération helvétique sur la compétence judiciaire et l'exécution des jugements en matière civile.

Article 59

La présente Convention ne fait pas obstacle à ce qu'un État contractant s'engage envers un État tiers, aux termes d'une convention sur la reconnaissance et l'exécution des jugements, à ne pas reconnaître une décision rendue, notamment dans un autre État contractant, contre un défendeur qui avait son domicile ou sa résidence habituelle sur le territoire de l'État tiers lorsque, dans un cas prévu par l'article 4, la décision n'a pu être fondée que sur une compétence visée à l'article 3 deuxième alinéa.

DISPOSITIONS FINALES

La présente Convention s'applique au territoire européen des États contractants, aux départements français d'outre-mer ainsi qu'aux territoires français d'outre-mer.

Les États contractants reconnaissent que tout État qui devient membre de la Communauté économique européenne aura l'obligation d'accepter que la présente Convention soit prise comme base pour les négociations nécessaires pour assurer la mise en œuvre de l'article 220 dernier alinéa du traité, instituant la Communauté économique européenne, dans les rapports entre les États contractants et cet État.

La présente Convention, rédigée en un exemplaire unique en langue allemande, en langue française, en langue italienne et en langue néerlandaise, les quatre textes faisant également foi, sera déposée dans les archives du secrétariat du Conseil des Communautés européennes. Le secrétaire général en remettra une copie certifiée conforme à chacun des gouvernements des États signataires.

Complexité juridique

Exemple :

Une société immatriculée en Turquie avec une activité principale en Grande-Bretagne et une activité secondaire, laquelle rencontre un problème en France.

En Grande-Bretagne, la loi qui s'applique est le lieu d'immatriculation :

➤ C'est la Turquie qui juge le litige.

En France, la loi qui s'applique est le lieu d'activité principal :
➤ C'est la Grande-Bretagne qui juge le litige.

Il faut donc anticiper en choisissant la juridiction compétente lors de la signature du contrat.
➤ Si cela n'est pas fait, le juge français demandera que le plaignant apporte la preuve de la loi étrangère.
➤ Un contrat international est toujours soumis à une loi nationale. Il faut donc préciser dans le contrat la juridiction compétente.
➤ S'il n'y a pas de preuve de la loi étrangère, le juge appliquera la loi de son pays.
➤ Si la loi est contraire aux valeurs du juge, il appliquera sa propre loi.

Dans le cas de vide juridique, le juge a obligation de solution ; il n'y a donc jamais de vide juridique définitif.

1.1. Lés étapes du contrat

Nous avons 5 étapes dans un contrat :
1. La négociation avant le contrat. C'est la période avant la signature du contrat. Le contrat n'est pas formalisé et les parties négocient les clauses.
2. La date de départ du contrat qui a lieu quand les 2 parties ont signé le contrat et en fonction de la date stipulée sur l'acte.
3. La résiliation du contrat. C'est la période contractuelle pendant laquelle le contrat doit être résolu par les parties. Il y a un Fournisseur ou Prestataire et un Client.
4. La date de rupture du contrat. C'est la fin du contrat qui peut être la date prévue sur le contrat (le terme de celui-ci) ou par rupture d'un des partis.
5. La fin du contrat. C'est quand le contrat est résolu. Soi qu'il est arrivé à terme et qu'il n'existe plus ou que la rupture est réolu par un accord des parties ou un jugement.